中国自贸试验区发展战略
与创新实践研究

戴化勇　著

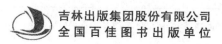

吉林出版集团股份有限公司
全国百佳图书出版单位

图书在版编目（ＣＩＰ）数据

中国自贸试验区发展战略与创新实践研究／戴化勇
著 . -- 长春：吉林出版集团股份有限公司，2022.8
ISBN 978-7-5731-1836-3

Ⅰ . ①中… Ⅱ . ①戴… Ⅲ . ①自由贸易区－经济发展
－研究－中国 Ⅳ . ① F752

中国版本图书馆 CIP 数据核字 (2022) 第 145300 号

ZHONGGUO ZIMAO SHIYAN QU FAZHAN ZHANLÜE YU CHUANGXIN SHIJIAN YANJIU

中国自贸试验区发展战略与创新实践研究

著　　者	戴化勇
责任编辑	杨　爽
装帧设计	优盛文化

出　　版	吉林出版集团股份有限公司
发　　行	吉林出版集团社科图书有限公司
地　　址	吉林省长春市南关区福祉大路 5788 号　邮编：130118
印　　刷	定州启航印刷有限公司
电　　话	0431-81629711（总编办）
抖 音 号	吉林出版集团社科图书有限公司 37009026326

开　　本	710 mm × 1000 mm　1 / 16
印　　张	11.75
字　　数	200 千
版　　次	2022 年 8 月第 1 版
印　　次	2022 年 8 月第 1 次印刷

书　　号	ISBN 978-7-5731-1836-3
定　　价	68.00 元

如有印装质量问题，请与市场营销中心联系调换。0431-81629729

在全球经济一体化进程加快和区域经济迅速发展的时代背景下，如何促进本国经济的发展和提高经济发展的水平是世界各国、各地区都在探索和研究的问题。通过考察和借鉴发达国家和地区的经济发展方式，并结合自身的发展经验，我们发现深化改革、扩大开放是发展区域经济的不二之选。基于以上发展理念，中国做出了在国内不同区域设立自由贸易试验区（以下简称自贸试验区）的重大决定。实践证明，建设和发展自贸试验区是符合时代发展的趋势和自身经济发展需要的，是进一步促进贸易发展和经济发展的重大战略举措。这也是世界范围内众多国家发展对外贸易、吸引投资、带动国家经济发展的普遍做法。

2013 年 9 月以来，中国已经建立 21 个自贸试验区，形成了自贸试验区发展的雁式矩阵发展格局，覆盖了从南到北、从沿海到内陆的多个省份地区，形成了自贸试验区遍地开花、争相竞放的良好趋势。然而，想要建设好、经营好这些自贸试验区，发挥自贸试验区独特的优势作用，却并不是一件容易的事情。

本书以国家对自贸试验区建设发展的方针政策为指导，以国内自贸试验区的建设发展为研究对象，分七章进行阐述。第一章从广义上对自由贸易园区（以下简称自贸园区）的定义、功能、分类以及自贸园区的历史、发展趋势和中国自贸试验区建设的意义进行了基本介绍。第二章放眼全球，介绍了世界范围内发展较为成熟的几个典型自贸园区，尤其对这些自贸园区的发展战略和经验启示进行了分析。第三章回归到具有中国特色的自贸试验区的建设发展主题上来，主要阐述了中国自贸试验区的主要特点、建设成效以及未来发展的方向和战略思路。基于以上内容的分析，本书剩余四个章节的内容集中论述了中国四大自贸试验区的创新开放发展。其中，第四章和第五章分别展开了对上海自贸试验区和湖北自贸试验区创新制度与实践的论述，涉及的内容主要包括投资管理制度创新、贸易监管制度创新和金融开放领域创新等；第六章和第七章则分别对广东自贸试验区和天津自贸试验区的发展与创新实践进行了介绍，广东自贸试验区的创新实践部分特别介绍了税收政策和管理制度的创新，天津自贸试验区的创新实践部分则对如何通过自贸试验区建设促进京津冀的协同发展展开了进一步论述。

　　本书在论述的过程中力求语言简洁，逻辑通顺，论述合理。但由于作者水平有限，本书还存在诸多不足之处，有待进一步完善，恳请广大读者批评指正。

戴化勇

2022 年 2 月

目录
CONTENTS

第一章　自贸园区与自贸试验区基本认知

第一节　自贸园区的概念及特征

当今时代，如何促进经济的发展，提高经济发展的水平，是世界各国、各地区一直十分关注的问题。伴随着区域合作的不断加强和全球贸易的快速发展，各国、各地区的经济发展都取得了相应的成就，彼此之间的贸易往来也日益频繁，从而促进了全球经济整体化的发展。但是，在发展对外贸易的过程中，很多国家和地区会面临各种各样的问题，如商品的关税问题和贸易国家对商品数量、种类等方面的政策限制。为了解决这些问题，提高自贸和跨国投资活动的质量，世界各国、各地区建立了自贸园区。自贸园区为各个国家和地区的区域经济、国际贸易活动提供了发展平台，作用十分明显，很多国家和地区通过创建自贸园区达到了刺激经济增长、吸引外国投资、提高国际竞争力的目的。

一、自由贸易区与自贸园区概念辨析

要了解自贸园区的概念，就要先了解自由贸易区的概念。世界上最早的自由贸易区称为自由港，是意大利的里窝那港，里窝那港自 1547 年为发展国际贸易定名为自由港，至今已有 400 多年的历史。在此之后的历史进程中，自由贸易区的概念、形式和功能都发生了很大的变化。① 尤其在 1950 年之后，

①黄顺泉：《自由贸易区背景下的港口供应链转型与创新发展》,上海浦江教育出版社,2016,第 3-4 页。

各国的经济贸易往来发展迅速，国际货物运输效率显著提升，自由贸易区出现了本质上的变化。世界各地的自由贸易区作为带动区域商业经济发展和国家开放的试行者，被寄予厚望。

20世纪70年代以后，自由贸易区在世界各国、各地区逐步生根发芽、发展壮大。发展中国家和发达国家都把设立自由贸易区作为提升国家出口能力的重要经济举措。1970年，同意设立自由贸易区的国家数量还是个位数，1975年就增加到了25个；1986年几乎翻了一倍，达到了将近50个；进入20世纪90年代后期，全球已有90多个国家和地区设立了800多个自由贸易区，为超过2000万人提供了就业岗位和工作机遇；1999年，全球共有110多个国家和地区设立了3000多个自由贸易区，为超过4000万人提供了就业岗位。

时至今日，自由贸易区的热度持续增长，自由贸易区的相关概念较之前也有很大改变，已发展成具有多种名称、功能以及各种形式、规模的概念体系。自由贸易区的概念最早是由国外提出的，其名称也是从国外翻译过来的。"自由贸易区"对应的英文是Free Trade Area（FTA）。根据世界贸易组织WTO的有关解释，所谓"自由贸易区"，是指两个以上的主权国家或单独关税区通过签署协定，在世贸组织最惠国待遇基础上，相互进一步开放市场，分阶段取消绝大部分货物的关税和非关税壁垒，改善服务和投资的市场准入条件，从而形成的实现贸易和投资自由化的特定区域。

自贸园区是与自由贸易区在名称上十分接近的一个概念。"自贸园区"对应的英文是Free Trade Zone（FTZ）。根据世界贸易组织的有关解释，自由贸易园区指的是在某一国家或地区境内设立的实行优惠税收和特殊监管政策的小块特定区域，类似于世界海关组织的前身——海关合作理事会所解释的"自由区"。按照该组织1973年订立的《京都公约》的解释："自由区（Free Zone）"系指缔约方境内的一部分，进入这一部分的任何货物，就进口税费而言，通常视为在关境之外，并免于实施通常的海关监管措施。

WTO认为，FTA应理解为在两个或两个以上的关税领土中，对成员领土之间实质上全部有关产自此类领土产品的贸易，都取消贸易关税和其他限制性的贸易法规。比较FTA与FTZ的概念可以看出，两个概念中涉及的贸易领土范围、贸易服务职能具有较大的差别。FTA是国家与国家之间根据WTO的相关规则签订的贸易合作协议，FTZ 则是缔约方境内的一部分；FTA 规定签订协议的双方应互相为对方开放自己的国内市场，分阶段取消进口商品的绝大多数关税，目的是实现跨国商业、贸易领域的相对自由发展，FTZ 则是只对特定领土上货物的进口关税采取特殊政策，目的是为区内的企业发展提供便利，使区内的企业在国内就能享受关税和管理上的优惠政策。

根据以上对 FTA 和 FTZ 两个概念的界定分析，我们认为将 FTZ 翻译为"自贸园区"更为贴切。2008 年，商务部和海关总署为了更好地区别二者的概念，特别发布了《关于规范"自由贸易区"表述的函》，分别对 FTA 和 FTZ 的概念进行了详细的描述：

首先，自由贸易区的英文表达方式是"Free Trade Area"，英文缩写形式为 FTA。自由贸易区所涵盖的范围是签署自贸协定的所有成员的全部关税领土，而不是其中的某一部分。迄今，中国已经和东盟、智利、新西兰、巴基斯坦等国家和地区签署了自贸协定，建立了包括中方与对方全部关税领土的自由贸易区。

其次，自贸园区的英文表达方式是"Free Trade Zone"，英文缩写形式为 FTZ。目前，我国的保税区、保税港、经济特区、经济技术开发区、出口加工区等具有特殊经济发展功能的区域只是具有自贸园区的部分功能，但也称为自由贸易园区。

虽然商务部和海关总署对自由贸易区和自贸园区的概念进行了分析界定，但从国内现存的此方面的研究成果可以看出，很多相关文献并没有区别使用这两个名称，如在中国国内一些具有部分自贸园区特征的上海自贸试验区、天津自贸试验区等贸易园区仍被称为"自由贸易区"。

要区分自由贸易区和自贸园区两个概念，还可以从它们的称谓和功能上进行辨别。从称谓上进行辨别的方法是根据称谓中出现的国家、地区或城市的名称进行区分。在自由贸易区（FTA）的称谓中，一般会提到两个合作国家或跨国、跨地区的名称。而在自贸园区（FTZ）的称谓中，一般会提到国内某个城市或地区的名称。

从它们的功能上进行辨别，自由贸易区的主要功能是在区域内取消商品的关税及非关税限制，在区域外实行贸易保护，且自由贸易区还是区域经济一体化的重要内容和表现形式；而自贸园区的功能定位则更加复杂，但都是以发展对外贸易和国际物流为核心展开的。自贸园区在区内不受海关管辖，与区外的政策待遇明显不同；对待外国商品，允许装载外国商品的船舶自由出入，外国商品享受免税进口、长时间存储与加工的政策。

二、自贸园区的特征

自贸园区在世界各国有不同的称谓，在功能定位、规模大小上也各有特点，但分析世界各国的自贸园区建设可以发现，世界上的自贸园区有一些共同的特征，如图 1-1 所示。

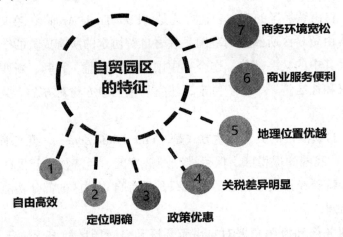

图 1-1 自贸园区的特征

（一）自由高效

"自由性"是自贸园区最大的特点。此处"自由"的含义是指自贸园区的主体，即自贸园区的生产要素，包括人员、商品、资本、服务等，在园区的各种经济实体之间自由流动，在税收制度、监督管理以及经济体制等方面享有特殊的优惠政策。例如，在监督管理方面，自贸园区的政策对相关主体给予了充分的自由性，主要体现在货物进出自由、金融自由和投资自由三方面。

货物进出自由是指自贸园区的货物进出自贸园区以及在自贸园区内的仓库存储和处理基本上不受海关的监管和限制，也不存在关税和非关税壁垒问题。货物只需要进行备案记录，办理卫生检疫和出入境手续即可与境外自由流通。

金融自由是指自贸园区内没有国民和非国民待遇的差别，投资者在兑换外汇时可以自由选择结算币种，自由兑换，这样就能实现资金的自由进出。

投资自由是指自贸园区的贸易投资没有行业、国别和经营方式的限制，可以同时实现投资自由、经营人员出入境自由和雇工自由。

正是因为自贸园区给予了自贸园区主体充分的自由性，自贸园区的运营效率，包括政府部门的工作效率和自贸园区内的出入境效率、通关速度，才能大幅度提高，自贸园区才能高效、有序地发展。

（二）定位明确

当今自贸园区的概念范围十分广泛，各个国家和地区对自贸园区发展的要求和定位也不尽相同，因此通常都会根据自贸园区自身的优势和地理位置等因素设置不同的定位，如功能定位、目标定位、导向定位。

1. 功能定位

功能定位包括货物转口贸易、产品生产贸易、货物加工和出口贸易、货物仓储贸易等。

2. 目标定位

目标定位指自贸园区的设立目标在于大力发展本国经济，自贸园区将主要的时间和精力用在发展对外贸易、吸引外来投资等各类经济活动中。

3. 导向定位

导向定位指自贸园区内的公司生产的主要或全部的产品销售的市场都设在国外，而非国内，即产品生产以出口为导向。

（三）政策优惠

自贸园区的发展建设对各个国家和地区来讲都是十分重要的，政府为了更好地发挥自贸园区带动经济发展的作用，并将自贸园区与其他区域区分开来，通常会专门针对自贸园区给予一些优惠政策，在税收、金融和管理方面优待自贸园区内的企业和人员，如减免货物原材料的进口关税、免除出口货物的营业税等。一些临港自贸园区还出台了启运港退税、期货保税交割等因地制宜的政策。

（四）关税差异明显

自贸园区是在某国境内划分出特定的区域而设立的，在领土上归属于该国，但在关税上采用关境之外的关税制度。自贸园区的关税制度与国内其他地区的税收制度不同，是自贸园区的一大特点。自贸园区内实行保税或者免税的关税制度，自贸园区外实行正常的关税制度，货物进出自贸园区视为正常的进出口活动，按照规定正常征收关税。

自贸园区因为与国内其他区域具有明显的不同之处，因此必须通过一定形式在监管制度上与其他区域严格区分开来。具体而言，自贸园区遵循"一线放开、二线管住"的原则，即将海关机构设立在自贸园区与国内其他区域的分界处，商品货物在自贸园区内和国境之外的区域可以自由进出，基本不受海关监管；自贸园区以外的国内其他区域的货物进出自贸园区时就没有这个优待了，必须按照国家政策服从海关的监管。这也是国家打击走私犯罪、保护国家关税收入的重要手段。

（五）地理位置优越

纵观早期的自贸园区选址，自贸园区一般都会选在一个有利于离岸的海港城市或四通八达的交通枢纽，如中国（上海）自贸试验区和中国（广东）自贸试验区。这有助于企业降低生产成本或者改变现有的成本结构。

（六）商业服务便利

自贸园区的商业服务便利体现在自贸园区高于全国平均水平的商业基础设施水平和服务标准方面。在一个界限分明的自贸园区内，企业能够享受高质量的基础设施和服务，如公共服务、办公场所、物流服务、商业服务、金融服务等。

（七）商务环境宽松

自贸园区宽松的商务环境主要体现在以下三个方面：

（1）在投资申请和许可方面，基本实现了"一站式"服务，流程简化，办事效率高；

（2）在海关监管方面，施行"境内关外"政策，采用标准化的监管流程与最简化的政府管理体制；

（3）在招聘劳务人员和其他相关法律法规方面，制定了自贸园区专项法案，比国内其他地区的管理更加宽松。

第二节　自贸园区的功能与种类

一、自贸园区的功能

从世界各国、各地区自贸园区发展的具体情况来看，很多自贸园区的发展不只简单地设定一种功能定位。在定位自贸园区的发展目标和功能时，自贸园区的管理部门会通过衡量自贸园区的地理位置、条件优势、经济发展水平等方面，为自贸园区匹配更多、更复杂的功能。这些功能不是固定不变的，而是会随着国内外经济环境与形势的不断变化而进行不断调整。自贸园区功能的定位与调整是为了改革创新管理机制，提高自贸园区的管理效率，协调各部门的分工合作，最终达到扩大自贸园区规模、发挥产业集群的规模效益的目标效果。世界各国、各地区自贸园区的功能定位，总的来说可以分为以下几种：保税功能、生产功能和消费功能、离岸中心功能。

（一）保税功能

早期的自贸园区功能相对而言比较单一，很多自贸园区以保税功能为主。自贸园区定位施行保税功能的背景条件是发达国家的市场经济制度已经成熟，国内的投资环境良好，投资者已实现投资自由，且其他行政管理制度也没有那么严格。施行保税功能的目的主要是避开高关税和其他货物准入壁垒，降低开展贸易的成本，促进对外贸易的发展，帮助本国的货物、劳务实现顺利输出。

（二）生产功能和消费功能

自贸园区生产功能出现的时代背景是各国、各地区关税壁垒的逐步消除和全球经济一体化的发展导致的自贸园区之间政策洼地效应的弱化。自贸园区生产功能的设定可以从发达国家和发展中国家两个角度观察分析。

随着经济形势的不断变化与发展，发达国家的政府首先对自贸园区的功能进行了调整。在保税功能的基础上，自贸园区的经济活动开始向生产加工环节扩展，自贸园区功能呈现综合化发展趋势。

不同于多数发达国家的关税壁垒已逐渐消除的状态，许多发展中国家的对外贸易仍受制于高关税壁垒，在外来投资管理上也没有实现自由化，严格的外来投资管制政策仍在施行。因此，发展中国家自贸园区的生产功能体现为引进的外来资本和技术能绕开本国的关税壁垒和投资管制进入本国的特定区域，与本国其他生产要素实现优势互补与合作。发展中国家的自贸园区生产模式一般以出口加工模式和贸工混合模式为主。

大多数以生产功能为主的自贸园区里是没有自然人居住的，这种情况下自然也就没有生活性的消费，然而，也有一些比较特殊的情况存在，如一些自贸园区内不仅允许居民居住，还利用自身的地理位置优势和降低税负政策吸引大量的境内外居民前往区域内消费。这时自贸园区就具备了消费功能。

（三）离岸中心功能

离岸中心，又叫离岸金融中心，是指任何国家、地区及城市，凡主要以外币为交易（或存贷）标的，以非本国居民为交易对象，其本地银行与外国银行所形成的银行体系。随着经济的快速增长，离岸中心功能正在迅速发展。离岸中心功能出现的原因如下：全球产业发展和资本流动性在经济全球化和信息技术高速发展的时代背景下获得了大幅度的提升。部分流动性很强的产业和资本对税制和资本管制十分敏感，因此这些产业往往会聚集到税制友好、资本管制比较弱的国家和地区。

一些国家和地区的自贸园区往往选择将其构建为离岸中心的模式来吸引这类产业和投资，即采取全面的低税政策优惠来吸引这些流动性很强的资本，尤其是金融资本。例如，国际货币基金组织（International Monetary Fund，IMF）2011 年发布的数据显示，2010 年，巴巴多斯、百慕大和英属维尔京群岛吸收的外商直接投资（Foreign Direct Investment，FDI）占全球总量的 5.11%，高于德国（4.77%）和日本（3.76%）。

二、自贸园区的种类

当今世界各国和地区设立的自贸园区大小规模不一，组织形态复杂，功能定位不断调整，因此也分为不同的种类。在有关自贸园区的比较研究中，按照不同的标准，可以把自贸园区分为不同的类型。比较常见的划分标准有：按照功能划分、按照区域划分、按照专注领域划分、按照所有者和经营者性质划分。

（一）按照功能划分

按照功能划分，自贸园区的类型如图 1-2 所示。

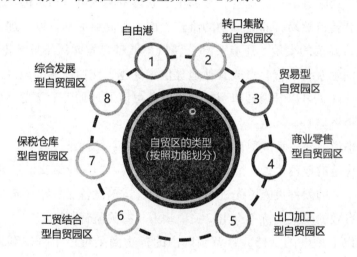

图 1-2 自贸园区的类型（按照功能划分）

1. 自由港

自由港是世界上自贸园区最早存在的一种形式。自由港是港口的一部分，其基本功能在于帮助进口商品简化各种海关手续，但是这并不意味着自由港完全不受海关的监督限制。在海关管制区之外的自由港内，外国进口商品和货物享有自由、免税出入的权利。商品货物运进来之后，还可以进行储存、展览和更换新包装，以及转运、加工与销售。[1]

---

[1] 蒋传海、赵晓雷：《中国（上海）自贸试验区与国际经济合作》，上海财经大学出版社,2013,第 233-236 页。

自由港还可以进行再次细分。现存的自由港有两种：完全自由港和有限自由港。完全自由港的特点就是对港内所有的进口商品全部免征关税；而有限自由港的特点就是对一部分商品免收关税的同时，对少部分指定的商品征收关税或实施不同程度的贸易限制。事实证明，世界上的完全自由港已基本消失，有限自由港是自由港发展的趋势。世界上的有限自由港有中国香港自由港、德国汉堡自由港、新加坡自由港等。

2. 转口集散型自贸园区

欧盟国家的自然地理条件决定了转口集散型是大多数欧洲自贸园区存在的类型。转口集散型自贸园区一般对地理位置要求较高，而许多欧盟国家恰好位于港口或临近港口的位置，在那里设立自贸园区可以通过港口装卸、存储货物发展转口贸易，商品货物的流转、加工等商业活动可以增加商业收入并带动港口经济的发展。还有一部分转口集散型自贸园区不处于港口地区，而是位于国际航线的交会点或其他地理位置优越、交通便利的地区。这一部分自贸园区除了可以开展转口贸易之外，还可以通过加工、旅游、服务行业发展当地经济。

总体来说，转口集散型自贸园区需要具备以下几种条件：

（1）优越的地理位置（港口或邻近港口地区、国际航线交汇点地区等）。

（2）卓越的硬件设施（先进的装卸设备、运输设备、货物存储仓库）。

（3）有效的政策支持（进出口关税政策、海关监管制度）。

凭借以上条件的支持，自贸园区内的货物商品可以十分便利地进行存储、分类、改装，自贸园区进而可以吸引更多的国外商品，达到扩大转口贸易业务、发展区域经济的目的。该类自贸园区的代表是德国不来梅自贸园区、巴拿马科隆自贸园区和西班牙巴塞罗那自贸园区等。

3. 贸易型自贸园区

贸易型自贸园区在 1800 年至 1900 年的发展最为迅速。贸易型自贸园区建立的时代背景是航海事业的发展和国际贸易的日益扩大带来的自由港的迅速发展。自由港的发展变化使原来港口的性质逐渐发生变化，进而开始发展商品加工业和制造业。综上所述，贸易型自贸园区也会从事进出口商品的转运、仓储活动，但其最主要的特点是在自贸园区内从事商品贸易活动。此类自贸园区的代表是阿联酋迪拜的杰贝阿里自贸园区。杰贝阿里自贸园区成立于 1985 年，凭借自身优越的地理位置、出色的行政能力、完善的法律法规和完备的基础设施服务，为商品贸易的开展创造了适宜的环境。杰贝阿里自贸园区是中东地区最大的自贸园区。

4. 商业零售型自贸园区

智利的伊基克自贸园区是具有代表性的商业零售型自贸园区，这一类的自贸园区比较少见，特点是在自贸园区中设有专门的商品展示和商品零售的商业区域。还有一些国家和地区机场的免税商店也属于商业零售型自贸园区，若想在这些自贸园区中进行交易，要同时征得贸易区经营者、贸易区管理局和海关的批准和确认。商业零售型自贸园区中还有一部分商品的出售业务是不用得到管理部门批准的，这类商品就是专门供自贸园区内工作人员消费的、已经办理完税业务的商品和免税商品。

5. 出口加工型自贸园区

出口加工型自贸园区又称出口加工区，诞生于 1950 年年初，1950 年至 1960 年在亚洲和南美洲的发展中国家发展迅速。出口加工区的特点是企业在自贸园区内从事商品的出口加工业务。出口加工区可分为两类：单类产品出口加工区和多类产品出口加工区。它们分别具有以下特点：

（1）单类产品出口加工区加工的商品多为单一的轻纺工业品。

（2）多类产品出口加工区加工的商品除轻纺工业品外，还包括钢铁、机械、电子、化工等产品。

出口加工区的主要目标在于扩大本区域的出口业务、增加外汇收入，同时为本区域的劳动力创造大量的就业机会。基于此目标，出口加工区积极引进外资，先进的技术、经验和设备，加快发展本区域的加工制造能力，从而带动区域经济的进一步发展。

6. 工贸结合型自贸园区

世界上自贸园区有很多都属于工贸结合型自贸园区。这类自贸园区可以说是贸易型自贸园区和出口加工型自贸园区的结合体。工贸结合型自贸园区具有开展出口贸易和工业生产两大功能。这类自贸园区有三大优点：①具有贸易型自贸园区特有的鼓励贸易发展的优惠条件；②具有发展工业所需的基础设施，如运输设施、装卸设施；③具有充足且价格适中的劳动力资源。这些都是工贸结合型自贸园区吸引外来投资和先进技术经验的有利条件。

工贸结合型自贸园区的国际贸易经济活动，一方面可以获取外汇，吸引和引进资本、技术、管理经验；另一方面通过加工业和制造业提高了自身的生产能力，增强了经济发展活力，增加了就业岗位。具有代表性的此类自贸园区有中国台湾高雄港自贸园区、土耳其伊斯坦布尔自贸园区、菲律宾马里韦莱斯自贸园区、阿联酋沙迦哈姆利亚自贸园区。其中，哈姆利亚自贸园区工贸结合的特征如下：①贸易条件出色。哈姆利亚自贸园区位于交通枢纽地带，拥有现代化的港口，使货物的进出和存储都十分便利。此外，区域内基础设施完善，税收政策也十分优惠。②工业化程度高。哈姆利亚自贸园区内的企业可以在区内直接开展生产活动，很多行业（如钢铁生产业、石油加工业）拥有几乎完整的生产线，企业生产出的产品能选择直接出口或销往国内市场。

7. 保税仓库型自贸园区

保税仓库型自贸园区是一种业务类型比较单一的自贸园区，主要目的在于发展区域的转口贸易，方便贸易商经营货物，使保税货物在合适的时机出售，以获取最大的利益。保税仓库型自贸园区主要起到保税作用，具有以下几点特征：

（1）进口货物在此可以不办理报关手续，进行长时间的存储。

（2）位于存储期内的进口货物可以暂时不用缴税，如果需要出口，也不用缴纳关税。

（3）在货物的存储期间可以进行分级、挑选、再包装、加换标签等业务。

（4）企业可以进口商品零部件，在区内对商品进行简单加工。

（5）货物存放的期限有国别的差异。

此类自贸园区的典型代表有意大利的罗马保税仓库、意大利的雷格亨免税仓库、阿根廷的埃塞萨保税仓库、荷兰的鹿特丹港自贸园区、西班牙的阿利坎特免税仓库、阿根廷的布宜诺斯艾利斯免税货仓等。其中，荷兰的鹿特丹港在港区内专门设有保税仓库，主要针对经过港湾的外国货物，货物在没有办理进口和出口手续的条件下可以享受整船寄存的政策优惠，并且可以在仓库内长时间地不用缴纳关税，外商仅需支付货物的仓储费用。港口不仅有储存服务，还提供货物的运输服务，同时具备货物的加工、制造和展示功能，因此吸引了大量外国商品和货物过境。

8.综合发展型自贸园区

顾名思义,综合发展型自贸园区是集齐了不同自贸园区的不同功能和优惠政策、开放程度最高的特殊开放区域。此类自贸园区形成的原因主要有两种:一种是被动的,另一种是主动的。被动的:如新加坡、中国香港等自贸园区,是因领土(区域)面积较小和地理位置优越而选择成为自贸港,属于"在夹缝中生存"。主动的是政府为了适应国际经济贸易形势的进一步发展而成立的自贸园区,目的是带动毗邻地区乃至全国经济的发展。

一般来说,此类自贸园区有三方面的优惠政策:

(1)载有外国商品的轮船可以不用缴纳进口关税,自由进出,且商品没有配额限制。

(2)自贸园区内可以开展商品的存储、加工、制造和装配等业务。

(3)鼓励区域内第三产业(如旅游业、金融业和科技文化产业)的发展。

(二)按照区域划分

根据自贸园区所处的地理位置或产业布局要求,自贸园区的划分如图1-3所示。

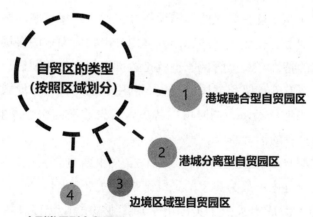

图1-3　自贸园区的类型(按照区域划分)

1.港城融合型自贸园区

港城融合型自贸园区的代表是中国香港自贸园区和新加坡自贸园区。这种自贸园区模式的特征就是把包含整个口岸在内的全部城市或地区化为自贸园区，外来的商品或货物进入这个城市或地区不受海关监管而自由流动。目前，中国香港自贸园区已经发展成为世界闻名的自由、开放且功能齐全的自由港，是世界上特别大的金融、贸易和航运中心之一，香港的四大支柱产业（金融、贸易与物流、专业服务、旅游）之一就是贸易与物流产业。

2. 港城分离型自贸园区

港城分离型自贸园区的模式与港城融合型自贸园区的模式恰恰相反，这种模式把口岸所在城市的一部分划分为自贸园区。外国商品只有进入这一区域才不受海关监督并享受免税等优惠待遇，如德国汉堡自贸园区、丹麦哥本哈根自贸园区、吉布提自贸园区等。通过颁布相关法律规定，自贸园区政府明令禁止居民在自贸园区内居住和生活，也不能消费免税的进口商品。例如，美国的对外贸易区就规定不允许有人居住，且凡是进入的人员都要受到贸易区委员会或经营者制定的条例的约束。

3. 边境区域型自贸园区

国家的边境区域经常因为地理位置不佳或交通出行困难等原因导致出现失业率高、经济发展缓慢、动力不足等问题，设立边境区域型自贸园区就是为了解决这些问题。这一模式的具体操作方法就是互相接壤的国家或地区在计划合作的基础上，按照一定的合作方案划分出相应面积的接壤土地，建立一个相对封闭的特殊经济监管区，也就是边境区域型自贸园区。设立这一类自贸园区，可以有效地吸引邻国的投资，利用邻国的设备和原料，建立当地的工业，发展当地的经济，同时可以解决因为失业率高而引发的安全隐患，满足了当地消费者的消费需求。

边境区域型自贸园区的典型代表是设立在墨西哥与美国边境的 11 个自由边境贸易区。其中，最为典型的是马奎拉多拉加工出口专区，它成功地利用低廉的人力资源成本吸引了美国电子加工业的产业转移。随着时代的发展，美国许多汽车、电器和服装品牌的制造商都相继选择在该自贸园区作为商品的延伸制造基地，同时许多欧亚地区的企业也选择了该地区发展自己的产业，形成了产业集聚的良好局面。此时的产业集聚体现了产业发展的成本导向和市场导向特征，实现了自贸园区出口加工的功能定位，并且产生了很好的经济效应，可谓是一举多得。

4. 主副发展型自贸园区

主副发展型自贸园区是少数自贸园区考虑到空间和产业布局的需要为特别用途的企业设立的自贸园区分区发展的模式，自贸园区分为主、副园区两种发展模式。主园区由面积较大的通用区组成，副园区由若干个面积较小的分区组成。分区的设计提升了自贸园区发展机制的灵活性，主要是为了帮助那些由于各种原因不适合落户通用区的企业，使它们也能享受到通用区的优惠政策。美国夏威夷对外贸易区就是主副发展型自贸园区的典型代表。

（三）按照专注领域划分

1. 单一领域集聚型自贸园区

顾名思义，单一领域集聚型自贸园区是自贸园区内只有一种产业聚集发展，一般这个产业是当地的优势产业或是自贸园区管理者想要重点发展的产业。具有代表性的是尼日利亚的专业自贸园区。

尼日利亚首先将当地的自贸园区划分为两个类型：一般自贸园区和专业自贸园区。其中，专业自贸园区就是单一领域集聚型自贸园区，又分为石油天然气自贸园区和旅游自贸园区。设立这两种自贸园区的原因主要是尼日利亚本身的石油天然气资源和旅游资源比较丰富，当地政府可以充分利用本地资源，扩大尼日利亚在石油天然气和旅游方面的影响力，发展当地经济。例如，尼日利亚的提纳帕旅游自贸园区以同样注重发展旅游业且因此闻名的迪拜为学习目标，希望将尼日利亚打造成西非的迪拜，通过商品免税政策吸引游客前来消费。

尼日利亚的提纳帕旅游自贸园区采取了以下措施发展当地的旅游业：

（1）商人在自贸园区内发展零售业，售卖与旅游产业相关的产品享受免税待遇。

（2）外国游客进入该自贸园区度假游玩可以不用办理签证。

（3）外国游客在自贸园区内购买个人消费品可以免除关税，进入该国国家边境时也不用补缴。

2. 多元领域集聚型自贸园区

多元领域集聚型自贸园区与单一领域集聚型自贸园区的发展模式恰恰相反，并不限定具体发展某一产业；多元领域集聚型自贸园区与综合型自贸园区发展模式相近，强调充分利用自身的多种比较优势，通过多元化的产业领域交叉发展，相互影响，最终形成产业集群式发展。下面以中国香港自贸园区为例进行阐述。

中国香港自贸园区已由最初的只具有中转贸易功能发展到现在成为集贸易、航运、工业、金融、旅游等多功能于一体的综合型自贸园区。中国香港自贸园区的发展方式主要可以概括为三个方面：①由于香港独特的地理位置，其可以充分发挥其自由港的功能，进而带动港口的中转贸易、海事补给和船舶修理产业的进一步发展；②由于政府对企业的免税政策，区内企业可以低成本地发展出口加工产业；③由于政府规定不收商品的进口关税，吸引了来自世界各地的游客，为中国香港地区的经济发展做出了贡献。

（四）按照所有者和经营者性质划分

1. 国有制和国有经营自贸园区

国有制是指生产资料归国家所有，国有制经营是指国家主要负责经营该自贸园区，自贸园区所得利润归国家所有。一般国有制的自贸园区在设立目标时会优先考虑经济和社会发展目标，如吸引外资、解决就业问题和调整产业结构等。但国有性质的自贸园区也存在一定的问题，如行政效率有待提高、办事流程烦琐等。

2. 私有制和私有经营自贸园区

私有制和私有经营的自贸园区与国有制自贸园区相比，具有运营灵活、管理方式创新等优点，还擅长处理突发的形势变化或状况问题。目前，私有制自贸园区发展迅速，数量不断攀升。私有企业接管自贸园区并不代表政府完全不参与自贸园区的管理工作，政府需要为自贸园区创建一个符合世贸组织规则的公平竞争的法律框架。

第三节　自贸园区的发展史和发展趋势

一、世界自贸园区的发展历史

人们建立自贸园区的想法最早起源于古罗马时期，随后地中海沿岸的一些港口城市受商业复兴活动的影响，纷纷在自己的港口建立了自贸交易区。13 世纪后期，一些城市开始合作建立自贸的联盟，如德国的自由城汉堡和不来梅。而被世人公认的世界上第一个自由港是意大利的海滨城市热那亚自由港。热那亚自由港以及自贸结盟城市汉堡和不来梅的出现标志着自贸园区的诞生。从此之后，世界各地的自贸园区如雨后春笋般纷纷设立。世界自贸园区的发展历程大致可分为三个阶段：①

第一阶段是第二次世界大战之前 400 年内产生和发展的自贸园区，这一阶段的自贸园区具有古典、传统的特点。这一特点的具体表现就是自贸园区的数量少、发展缓慢，且经济活动较为单一。自贸园区从 17 世纪开始随着时间的推移而逐渐扩大分布的地域范围，具体如图 1-4 所示。

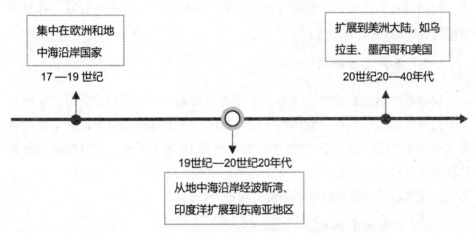

图 1-4 世界自贸园区发展历程第一阶段的地域范围变动

第二阶段是 20 世纪 40 年代中期到 20 世纪 60 年代左右。此阶段世界上自贸园区的数量已发展到 100 多个，自贸园区的区域范围从欧洲扩展到美洲和亚洲的一些地区。此时，自贸园区的功能和发展形态出现了变化，自贸园区由主要发展转口和对外贸易扩大到发展出口加工、制造贸易，如爱尔兰的香农出口自由区，中国台湾地区的高雄出口加工区。

第三阶段是 20 世纪 60 年代之后至今，自贸园区进入蓬勃发展阶段。20世纪 90 年代，世界上自贸园区的数量已多达 900 余个，大部分分布在发达

---

① 上海财经大学自贸园区研究院、上海发展研究院：《全球自贸区发展研究及借鉴》，上海人民出版社；格致出版社，2015，第 4—7 页。

国家。例如，美国虽然本身已具有发达的市场经济机制，却仍重视发展自贸，美国对外贸易区的数量、规模在世界上都名列前茅。发达国家对发展自贸园区的态度和政策带动了新兴国家和地区设立自贸园区。许多发展中国家都把建立自贸园区作为试验新的经济政策、带动区域经济发展、振兴本国经济的发展策略。

二、中国自贸试验区的发展历史

我国第一个自贸试验区是上海浦东的高桥保税区，设立于 20 世纪 90 年代，经过 30 余年的发展，逐渐形成了以自贸试验区带动区域经济发展的模式。我国的自贸试验区发展历程主要分为三个阶段：萌芽发展阶段、转型探索阶段和实施转型阶段。

（一）萌芽发展阶段

我国最开始的自贸试验区有一个特殊的称谓——"保税区"，它实际上是单边自贸园区的雏形。我国第一个保税区——上海外高桥保税区是我国自贸试验区的鼻祖，设立于 1990 年，规划面积 10 平方千米，实行特殊的海关监管和税收政策，融合了保税加工、国际贸易、仓储物流、商品展示等多项功能，还承包了部分海铁联运和拆拼箱业务。

（二）转型探索阶段

我国自贸试验区发展的第二个阶段，是自 20 世纪 90 年代以来多种类型的保税区的设立，这些保税区的功能定位集中在保税仓库转口贸易和出口加工方面，它们吸引、利用外资，扩大了对外贸易的规模，带动了区域经济的发展，但这个"保税区"还不能称为"自贸试验区"，因为它没有完全与国际接轨，与国际规定的自贸园区标准还有一定的差别。

随着我国对外开放政策的进一步实施，保税区内的政策效应逐渐弱化，一些政策优惠有向区外延伸的趋势。此时，保税区的转型升级已经迫在眉睫、势在必行。

（三）实施转型阶段

我国的保税区自设立以来就存在各种各样的问题，如功能单一、称谓不统一、政策不协调等。为解决这些问题，国务院决定对保税区进行整合和转型，施行统一的管理制度，采用相同的监管模式。因此，自 2008 年开始，政府有关部门先后去上海、天津、深圳等地就设立自贸试验区问题进行了调研考察。2011 年，上海将自己要转型的信号告知了外界。2013 年 9 月 29 日，中国（上海）自贸试验区成立，标志着我国第一个自贸试验区 [China（Shanghai）Pilot Free Trade Zone] 建成。2015 年 4 月 21 日，广东、天津、福建自贸试验区在同一天挂牌成立，标志着我国自贸试验区建设进入 2.0 时代。

三、自贸园区的发展趋势

自贸园区的基本功能在于发展对外贸易、仓储服务、物流运输等，伴随着全球经济一体化的发展进程，为了顺应世界各国、各地区经济发展的要求，目前各国自贸园区的发展呈现以下五大趋势（图 1-5）。[①]

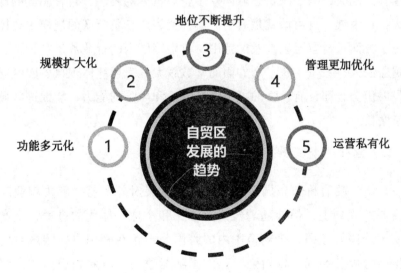

图 1-5　自贸园区发展的趋势

[①] 上海财经大学自贸园区研究院、上海发展研究院：《全球自贸区发展研究及借鉴》，上海人民出版社；格致出版社，2015，第 24—34 页。

（一）功能多元化

早期的自贸园区设立主要是为了发展国际贸易，因此在很长的一段时间里，自贸园区的功能以过境、转口、仓储、加工、出口为主。然而，随着经济全球化进程的发展，单一的业务模式已无法满足对外贸易经济发展的需要，因此各个自贸园区在扩展规模的同时，其功能也在逐渐增加，由传统业务功能向综合业务功能转变。同时，为了匹配基本功能，自贸园区努力提升自身的贸易服务能力，并大力发展相关产业，如金融、物流、文化、旅游等。在发展这些服务贸易的过程中，自贸园区的离岸功能和国际物流业务特别重要。

（二）规模扩大化

从 20 世纪 70 年代末开始，全球范围内的自贸园区迎来了一个前所未有的蓬勃发展时期。在 40 余年的发展历程中，首先自贸园区的数量呈现了爆发性增长的态势，如在 20 世纪末全球已设立超过 3000 个自贸园区。在数量快速增长的同时，为了满足区域内众多企业发展的要求，自贸园区的规模相应扩大，自由港、自由城就是其中的典型代表。自贸园区的规模主要体现在以下三个方面：自贸园区涉及的范围、自贸园区内的行业数量和种类、自贸园区覆盖的人口数量。这三个方面的基数越大，就越能体现自贸园区规模经济的发展优势，即具有较强的抵御经济危机和风险的能力，能促进区域经济的快速增长。

（三）地位不断提升

一开始，政府将自贸园区设立定位在发展对外贸易、解决就业问题等经济发展的规划上，但伴随着经济全球化和全球一体化的进程，生产要素逐步实现跨国性流通，全球范围内的跨国公司正在利用自贸园区对生产资源、生产力展开布局，以增强自己的国际竞争力。政府则想通过自贸园区的增强自己的经济实力，参与制定国际规则。因此，自贸园区的发展战略已逐渐与区域乃至国家的发展规划策略融合在一起，致力于以区域的发展实现国家的发展目标。

（四）管理更加优化

目前，自贸园区建设的核心不再是用各种优惠的政策吸引投资和产业的聚集，而是倾向于利用高效的监管措施和便捷的服务手段，通过打造"服务高地"带动经济和贸易的发展。自贸园区的管理日渐优化主要体现在三个方面：管理制度、管理方式和相关法律法规的优化。

（1）管理制度的优化可分为外资准入制度、外汇管理制度和财务税收制度的优化。

（2）管理方式的优化主要包括企业注册的管理方式和海关的监管方式的优化。

（3）法律法规的优化主要指自贸园区通过制定和完善公司法、劳动就业法、知识产权法、环境监管法等法律法规，促使企业自律和自我约束，进而为企业的发展营造一个高效率、无干扰的环境。

（五）运营私有化

在 20 世纪 70 年代，大部分自贸园区还是以政府管理为主导；进入 80 年代后，由企业管理的自贸园区逐渐兴起；到了 21 世纪，企业管理型自贸园区的增长趋势已和政府管理型自贸园区基本持平。为什么由企业经营的自贸园区越来越受欢迎呢？主要原因有以下几点：

（1）私人企业在自贸园区的基础设施建设更加专业化，既为企业发展提供了良好的硬件环境，又为政府节约了资金支出。

（2）自贸园区的各项服务水平大幅度提高，更符合目标产业的特殊需求，为企业发展营造了良好的软件环境。

（3）自贸园区内的价格竞争逐渐转为非价格竞争和产品差异化竞争，注重产品质量的提高。

第四节　中国自贸试验区建设的意义

中国在借鉴国外自贸园区建设经验的基础上，设立了自贸试验区。自贸试验区是中国在新形势下探索改革开放的试验田，其建设具有重要的实践意义：提高政府效率、带动企业发展、方便人民生活。

一、提高政府效率

（一）转变政府职能

1.时代的要求

当今时代是一个全球经济一体化发展的时代，任何一个国家或地区想要发展经济都必须融入经济一体化的进程中来，这是时代的要求，是宏观经济发展环境的要求。如果其不主动加入全球化的竞争环境中，很快就会被淘汰。建立发展自贸试验区就是为了更好地融入经济一体化市场竞争环境。建设自贸试验区能帮助政府发现自身在引导和管理经济发展方面的问题，进而改进自己的职能。政府转变职能的目的，是让政府的管理体制更加合理，从而为自贸试验区经济的发展营造良好的投资和贸易环境，发挥市场配置资源的作用。

在建设自贸试验区的过程中，加快政府职能的转变一直是自贸试验区改革的第一项要务。如果不能及时地转变政府职能，就无法实现自贸试验区的投资开放、贸易发展方式的转变、金融的开放创新、资本项目的兑换等。同时，企业想要进行贸易转型升级也需要政府改变财税体制和监管制度。

2.重要的举措

（1）简政放权。自贸试验区的建设推动了政府的简政放权。政府部门切实认识到法无授权不可为，行政机关不得在法外设定权力。简政放权还意味着政府职能应向清权、减权、制权三个方面发展，上海自贸试验区、浦东新区管委会就在2015年响应国务院号召，推出了首份"减权清单"，做到了三个事项的"全部取消"：凡是没有行政许可的审批事项全部消除，凡是市区两级依据规范性文件设定的行政权力争取率先取消，凡是"红顶中介"（包括各类评估评审）全部取消和放开。

（2）事中事后监管制度。强化事中事后监管，是转变政府职能的重要组成部分，也是放松事前审批、简化流程的关键程序。自贸试验区的建设要求政府强化事中事后监管，具体的措施如下：

第一，提升监管意识，落实监管责任。

第二，完善制度建设，创新监管方式。

第三，鼓励社会监督，强化行业自律。

（3）"单一窗口"制度。建立"单一窗口"制度是提高政府部门监管效能的有效举措，"单一窗口"是一个融合了多个服务功能的平台，建立自贸试验区国际贸易的"单一窗口"平台有两个方面的显著作用：一是降低了运输企业和贸易的综合物流成本；二是减少了数据的重复录入可能带来的数据信息的差错，促进了贸易程序的顺利进行。

（4）提高透明度。以上海自贸试验区为例，自其成立初期，就明确了要建设国际化、法治化的营商环境的目标。而这种营商环境的基本特征就是政府管理的透明度。自贸试验区的建设促进了政府管理的透明度，因为只有一切信息、制度都足够透明，才能体现自贸试验区的规范化、法治化，才能吸引更多的企业落户试验区。

（5）优化组织结构。组织结构问题一直是影响行政工作效率的重要问题。传统的行政机构的弊端主要体现在以下三个方面：

第一，损害行政工作效率的结构缺陷。

第二，部门分割导致的信息的流失和消耗。

第三，系统条件造成的动因缺陷。

因此，自贸试验区优化组织结构、简化行政架构机制势在必行。例如，广东自贸试验区的管理机构设置就是按照"大部制"的思维设置，结合了当地的地方特色，同时吸收了中国香港自贸试验区的一些先进经验，其人员的规格和数量都少于市、区的内设机构。

（二）加快制度创新

加快制度创新是建设自贸试验区的核心任务，也是党和国家建设自贸试验区的重要意义所在。加快制度创新需要摆脱用传统思维模式发展经济的路径依赖，不依靠特殊政策招商引资，坚决依靠体制和机制的创新来引领发展。具体表现在以下三方面：

（1）贸易监管制度的创新发展。

（2）投资监管制度的创新发展。

（3）金融制度的创新发展。

二、带动企业发展

设立自贸试验区能带动区域内企业的快速发展，是因为自贸试验区管委会为企业的发展制定了优惠的政策，提供了良好的创业及发展环境。① 这些优惠政策和便利条件主要有以下四点：

（一）自贸试验区投融资利好

自贸试验区的投融资利好首先体现在自贸试验区的金融配套服务和产品能帮助企业实现资金调拨自由，运用各种方式解决企业在供应链不同时点上的融资需求、减免保证金。

自贸试验区对企业投融资的利好主要包括以下五个方面：

（1）自贸试验区目前正在探索资本项目的可兑换方法，伴随着近年来资金兑换管制的解除，资金的自由流动程度有了大幅度的提升，这些都是企业进行投资的有利条件。

（2）自贸试验区内人民币作为支付手段的使用，意味着更多以人民币计价的融资工具将会产生，从而促进自贸试验区内金融类企业的发展。

（3）自贸试验区内自由的资金交易与流通环境使区内的金融企业享受更宽松和自由的经营环境。

（4）自贸试验区内鼓励金融产品的创新应用政策将帮助提高企业的创新能力和服务于实体经济的能力。

（5）自贸试验区内众多金融企业构建了多元化的金融组织生态，这将有利于深化金融服务，提高这些金融企业之间的竞争力。

自贸试验区的投融资利好还体现在自贸账户与企业的投融资利好。自贸账户与企业的投融资利好主要体现在自贸账户体系的构建给自贸试验区内的企业提供了一个与境内其他市场不同的、与国际金融市场高度接轨的金融环境，为拥有账户的企业参与国际竞争创造了有利条件。这主要体现在以下三个方面：

（1）汇率方面。自贸试验区内分账核算单元应用的汇率是与境内外汇率都不相同的第三种汇率，这种市场的不确定性为企业提供了更多的选择。

（2）存贷款利率方面。存款利率变化不大，但区内的贷款利率首先就要低于境内区外，境外的贷款也更容易被申请到。

---

① 金钢：《中国自贸试验区建设带动下的国际贸易与投资增长研究》，中国商业出版社，2019，第173—174页。

24

（3）海外融资方面。企业的海外融资随着自贸账号的确立变得更加方便、快捷和高效，主要体现在企业海外资金的调动、汇率把控、银行报备上。

（二）自贸试验区税收优惠

自贸试验区的税收优惠政策主要体现在自贸试验区的税收政策利好和自贸试验区的税收环境良好两个方面：

1. 税收政策利好

自贸试验区的税收政策利好体现在两个方面：税收政策和税收的体制机制。目前，我国自贸试验区共涉及七项税收政策，其中非货币性资产投资政策和股东激励政策是两项促进投资的政策，其他五项促进贸易的政策如下：

（1）在自贸试验区内注册的融资租赁企业和金融租赁公司在自贸试验区内成立的项目子公司，纳入融资租赁的退税范围。

（2）在自贸试验区内注册成立的国内租赁公司或租赁公司成立的项目子公司，享受进口环节的增值税政策。

（3）对自贸试验区内生产加工的货物可以按照选择性征税政策，根据企业的申请，尝试实行内销。

（4）对自贸试验区内的生产企业和生产性服务企业进口所需的机器设备类货物予以免税。

（5）完善起运港退税的政策。

自贸试验区的税收政策利好还体现在自贸试验区在不断完善营商投资的环境、进行税收体制机制的创新上。以广东自贸试验区为例，自贸试验区南沙片区的营商环境计划在 2025 年与国际全面接轨。目前，正在推进该计划的政策制度包括进一步加大政府的财税支持力度，设立省级的权限下放清单，建立国际贸易"单一窗口"试点，开展投资负面清单管理等创新体制机制。

2. 税收环境良好

对于企业来说，良好的税收环境要比税收优惠政策更具有吸引力。良好的税收环境能给企业带来发展上的安全感。在我国的自贸试验区建设过程中，政府出台了很多改善税收环境的政策，着力为企业的发展、竞争打造良好的税收环境。

（三）企业注册流程简化

落户自贸试验区的企业在注册流程上没有区外那么复杂，这主要是因为我国自贸试验区进行了商事制度的深度改革。我国的商事制度改革主要是以下三个方面："先照后证"改革，注册资本认缴登记制、放宽工商登记改革，加强市场监管管理、落实监督责任改革。

1."先照后证"改革

"先照后证"改革就是对于从事一般经营项目活动的商事主体，领取营业执照后就可以开展经营活动。对于从事金融、电信及有外商投资的企业，则需要分两步进行：先领取营业执照，再办理相关许可审批手续。这两项流程都进行完之后，才能开展经营活动。

2.注册资本认缴登记制、放宽工商登记改革无须再向登记机关提交验资报告。

注册资本认缴登记制、放宽工商登记改革，就是无须再向登记机关提交验资报告。商事主体在申请设立登记时，不再登记公司的实收资本，只对申请人申报的注册资本进行登记。这项改革措施有利于降低创立公司的资本，提高资本的运作效率，为投资主体松绑。同时，该措施有利于引导公司按照自身需要和实际能力出资，规范注册资本管理，减少虚假出资情况。

3.加强市场监督管理、落实监管责任改革取消年度检验和验照制度，实行年度报告制度。

加强市场监督管理、落实监管责任改革，就是取消年度检验和验照制度，实行年度报告制度。每年三月至六月，商事主体企业应该向商事登记机关提交年度报告书，同时商事主体企业需保证报告内容的真实性。在我国各地的自贸试验区总体方案中，无一例外地提到要开展商事登记制度的深化改革，简化企业的注册和行政审批流程。

（四）自贸试验区的产业机遇

基于不同的功能定位，不同的自贸试验区会出台不同方面的优惠政策以打造投资贸易便利、行政管理高效、法治环境规范的营商环境，给自贸试验区的诸多行业创造新的机遇和挑战。例如，银行服务行业、医疗保险服务行业、融资租赁服务行业、增值通信服务行业、律师服务行业、远洋货物运输服务行业、旅游业等。

三、方便人民生活

自贸试验区的建设方便了人民的生活，给人民的生活带来了实惠和便利，主要体现在五个方面，如图 1-6 所示。

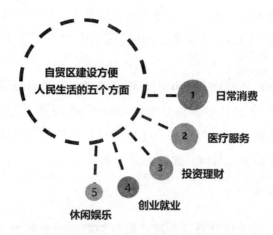

图 1-6　自贸试验区建设方便人民生活的五个方面

（一）日常消费

自贸试验区的建设方便了人们的日常消费，主要可以从保税展示交易制度、进口生鲜农产品、跨境电商、进口汽车几个方面进行分析。

1. 保税展示交易制度

保税展示交易制度是自贸试验区内一种重要的创新制度，这种制度的主要内涵是允许保税货物在保税状态下出区展示。展示期间，销往境内的商品货物定期去海关办理征税业务，没有销售出去的商品货物可以继续保存在保税港区。这种先销售再缴税的模式不仅降低了企业的资金压力，也加快了货物的流转速度，缩短了货物的上架时间。

2. 进口生鲜农产品

生鲜类农产品是人们日常消费的重要组成部分，这类农产品的保质期本来就比较短，因此需要尽快进入市场销售。在设立自贸试验区之前，进口生鲜类农产品最短也需要三到四天的时间才能通过海关，进入市场，这样做的结果会使生鲜农产品的价格居高不下。随着自贸试验区的设立，多家企业利用自贸试验区通关便利、保税仓储的优势，缩短了物流供应链，降低了许多生鲜农产品的价格。

3. 跨境电商

跨境电商业务是近几年来电子商务行业关注的重要业务领域。自贸试验区的跨境电商平台专注于通过互联网为国内的消费者提供海外优质商品的导购和交易服务，还为跨境电子商务企业进口提供一体化通关服务。

4. 进口汽车

自贸试验区允许进口商直接从汽车原产地进口，且自贸试验区内出售的同款进口汽车比传统 4S 店的价格要便宜 15% 到 30%。在售后服务保障方面，自贸试验区明确了区内试点企业和汽车销售商作为产品质量的保证主体。同时因为引入了行业竞争，其售后服务也更加完善。

（二）医疗服务

自贸试验区的设立使外资进入医疗服务领域的限制减少，符合条件的外资医院相继成立，人们因此不出国门就可以体验到外资医院的医疗服务除此之外，外资医院的成立还是中外合作交流的成果，将进一步推动国内的医疗改革。

（三）投资理财

随着自贸试验区政策的推进和改革，人们能接触到更多与国际接轨的理财产品、更多的投资理财服务、更多的海外投资机会。同时，国外银行的入驻与本地银行展开了竞争，为人们提供了更多的理财选择。

（四）创业就业

1. 创业

在自贸试验区创业主要可以享受以下三方面的优惠政策：

（1）办事流程简化。

（2）进出口税收政策优惠。

（3）多项金融政策的创新优势。

办事流程简化是因为自贸试验区内行政管理高效、服务设施优良；税收政策优惠是政府为了吸引创业者来自贸试验区落户并发展国际贸易的措施；

金融政策的创新优势是因为自贸试验区内金融和类金融机构数量庞大，具有贷款利率低、金融服务全面的优点。

2. 就业

自贸试验区对营商环境和企业生产发展的高端要求使得自贸试验区企业对高端人才有大量的需求。特别是自贸试验区内外资企业的增加，为就业者提供了就职外企的机会。此外，自贸试验区正在逐步取消自贸试验区内就业人员的户籍限制，致力于为就业人才提供更便利的服务。许多优秀的大学毕业生及相关专业人才因此能在自贸试验区找到非常好的国际化的工作，并获得较高的薪资报酬。自贸试验区内的人才中介机构在境外也拥有大量的就业资源，为就业人才去境外就业提供了便利条件。

（五）休闲娱乐

1. 国际化的娱乐服务

自贸试验区一般可实施以下规定：

（1）取消外资演出经纪机构的股比限制，允许设立外商独资演出经纪机构，在上海市行政区域内提供服务。此条规定放宽了对外资演出经纪机构的限制，允许这些机构组织演出、提供娱乐服务。

（2）允许设立外商独资的娱乐场所，在自贸试验区内提供服务。此条规定表明自贸试验区外商建设国际化的娱乐场所，为前往自贸试验区的人们提供娱乐服务。

2. 境外旅游更加便利

自贸试验区规定外商投资的旅行社具有为人们办理出境旅游的资质，这个规定对自贸试验区内的国际旅游企业和想要通过自贸试验区开展出境旅游活动的人们来说都是非常受欢迎的。原本政策规定外商投资的旅行社只能办理外国人的入境游和国内游业务，而这两项业务恰好不是外商投资旅行社的优势选项。获得出境游办理资质后，外商投资的旅行社因为在此方面独具优势而非常看好此时的中国旅游市场。

外商投资的旅行社在自贸试验区内不仅能够享受自贸试验区的税收优惠，还具备品牌、资金、管理等方面的优势。如果旅行社选择入驻天津、广东和福建自贸试验区，更会因为自贸试验区临近日韩、东南亚地区而独具地理优势。外商投资的旅行社在自贸试验区内的崛起，对于想要办理出境旅游的游客来说多了一些价格、线路、服务等方面的比较和选择。同时，由于外商投资的旅行社与国外机构沟通顺畅，游客的出境游会变得更加方便和快捷。

第二章　国外典型自贸园区发展战略及经验启示

第一节　美国自贸园区发展战略及经验启示

一、美国自贸园区概况

美国自贸园区的对外称谓是美国对外贸易区。美国对外贸易区的建立受美国海关和边境保护局的监督，由美国对外贸易区委员会授权。美国对外贸易区设立的目的主要在于鼓励和发展美国的对外贸易，同时对外贸易区管理和运营的原则是保障和维护公共利益。1934 年，美国的《对外贸易区法》出台，其中包含美国的经济和贸易政策，介绍了影响美国参与国际竞争的各个因素。

《对外贸易区法》规定，国内外的商品在遵循对外贸易区相关程序的基础上，可以进入对外贸易区进行储存、生产、制造、加工和展览等经济活动，且不用遵守海关等相关部门规定的正式程序，无须支付关税。这种状态可以一直保持到国外的商品货物进入美国海关区域内并在美国国内销售之时。美国第一个对外贸易区是 1936 年设立的，位于美国纽约的布鲁克林区。由于向美国联邦政府申请成为对外贸易区的难度较低，不活跃的对外贸易区也会被适时地终止或者取消，因此美国对外贸易区的数目和名单会定期更新。

二、美国纽约港自贸园区的发展战略

美国纽约港自贸园区成立于 1979 年，是当前世界五大自贸园区之一。作为美国与不同国家往来的经济贸易的重要枢纽，纽约港自贸园区的成功并不是偶然的。除了地理位置的优势外，纽约港自贸园区的发展战略也值得借鉴与学习。纽约港自贸园区主要坐落于新泽西州，但其管理者却不是新泽西州政府，而是地跨两州的纽约—新泽西港务局。① 这是因为纽约港自贸园区对自贸园区管理者的机构进行了创新。

（一）机构创新

100 多年前，经济的发展使得纽约对港口规模的要求越来越高，地处新泽西州的伊丽莎白港逐渐取代了地处曼哈顿的纽约港。商品货物先在新泽西州卸货然后再转运到纽约市的做法导致了两地一些行政管辖权限上的问题。这些问题给新泽西州造成了很大的困扰。为了挽回属于自己的权益，1916 年新泽西州决定正式起诉纽约州。经过长达 5 年的辩论和调解，两州最终同意成立跨州机构纽约—新泽西港务局，由此共同管理两个地区的港务运输工作。

目前，纽约市附近所有的港口和机场，以及来往纽约市和新泽西州两地的地铁和公交，连接着两地的桥梁和隧道都归纽约—新泽西港务局管理。纽约—新泽西港务局的董事会成员由两地各推荐一半，但在法律上港务局不归两州管理，独立于两州存在，掌握自己的执法力量。

（二）政策优惠

纽约港自贸园区作为世界上影响特别大的自贸园区之一，通过执行一系列的优惠政策吸引着来自世界各地的企业入驻。这些优惠政策大体可分为四类：减免税率、减免费用、进出口便利和企业活动便利。

1.减免税率

（1）无关税出口和选择性税率缴纳。

①无关税出口：在自贸园区内设立工厂的企业在出口商品时可以免除出口关税。

---

① 上海财经大学自由贸易区研究院、上海发展研究院编：《全球自贸区发展研究及借鉴》，上海人民出版社；格致出版社,2015,第 145—162 页。

②选择性税率缴纳：在自贸园区设立工厂的企业可以在原料税率和成品税率中选择支付税率较低的一种。

（2）免除或推迟缴纳进口关税。

①免除缴纳进口关税的情况：自贸产品出口海外遭遇退回情况，企业不用为退回的货物缴纳进口关税；企业在自贸园区内设立工厂，进口原料中的废品材料和生产过程中浪费的原料免除进口关税；当自贸园区生产的产品运入美国海关时，进口价格中关于行政开销、人力成本和企业利润的部分免除进口税。

②推迟缴纳进口关税的情况：为了方便企业加强现金管理，政策规定运进自贸园区的货物不用立即缴纳进口关税，只有当货物通过了海关进入美国境内时才需缴纳。

（3）免关税和库存税政策。

①免关税的情况：自贸园区之间商品货物的转移是不需要关税的，在保税区加工消耗的商品一般是不缴纳关税的。

②免库存税的情况：美国大多数州和县的税务机关是不征收自贸园区货物的库存税的。

2. 减免费用

（1）货物处理费。自贸园区的货物享受 24 小时不间断的通关权，企业每周缴纳一次货物处理费即可，且最多只需缴纳 485 美元。而自贸园区外的企业每次进口都需要缴纳货物处理费，且费用没有上限。

（2）港口维护费。自贸园区的企业按季度支付港口维护费，不需要每次进口时都支付。

（3）保险费。自贸园区内商品的投保价值不包括应缴进口税额的部分，因此自贸园区内商品购买保险时，投保额度可以小一些，保险费用也要少一些。

3. 进出口便利

（1）进口备件。自贸园区允许企业存储暂时不需要的进口备件，如果在生产过程中发现没有用到该备件，可以在不缴纳关税的条件下退回或者自行销毁该备件。

（2）进口配额。需要美国配额的商品存储在自贸园区可以不受配额的限制，配额开放之后，商品可以立即通过海关进入美国。

（3）进出口程序。在自贸园区进出口货物不会有因为海关造成的延误问题，或商品因为税务出错被查扣的问题，从自贸园区出发的货物的运输和送达更加方便快捷。

4.企业活动便利

（1）企业商品质检。企业可以在不缴纳关税的情况下从自贸园区进口商品，如果商品通过了质量检查，企业再支付进口税使商品通过海关进入美国，质检达不到标准的商品可以免税退回或者直接销毁。

（2）企业安全保障。海关监督自贸园区，自贸园区按海关要求提供相应的安检程序，自贸园区的安全有保障。企业不用额外雇佣保安保证自身安全。

（3）企业库存控制。保税区给企业制定了严格的财务制度，要求企业保持接收货物、处理货物和发出货物所需的单据凭证，这样就能帮助企业尽量正确地发送货物。

（4）企业商品展览。由于展品从海外进入自贸园区是免进口关税的，所以很多企业选择自贸园区作为商品和机械的展示区。

（5）企业商品标记。企业商品标记指的是商品原产地标记，为商品加上原产地标记需要复杂的手续和开销。而进入自贸园区的产品不需要加原产地的标签。当然，如果有需要的话，企业也可以选择加上。

（6）企业商品所有权。在自贸园区内，只要没有零售销售，商品都可以自由买卖。

三、美国自贸园区的建设经验启示

美国的自贸园区在1934年《对外贸易区法》颁布后开始建立，于20世纪60年代末期开始进入发展的上升期。由于当时经济滞胀、经济危机的爆发、美元的大幅度贬值等问题的影响，美国的国际经济地位持续下降。为了应对复杂的内外经济困境，摆脱经济危机的不良影响，恢复经济发展，美国各地方政府采取了设立对外自贸园区的方法策略。

关于美国自贸园区的建设经验启示，可以从以下几点出发讨论：

（一）管理模式

在管理模式上，根据美国《对外贸易区法》的规定，对外贸易区的建立、维护和管理都由美国对外贸易区委员会负责，对外贸易区委员会由美国的商务部部长、财政部部长相关等其他管理机构人员组成，对贸易区管理机构所管辖的产品、产品活动等所有问题拥有决策权。但是，对外贸易区委员会不直接管理相关业务，而是成立了候补委员会代为管理，对外贸易区委员会会定期与候补委员会就对外贸易区的各项政策问题展开讨论。

《对外贸易区法》规定，财政部部长主要负责对外贸易区的税收、贸易和关税政策的批准，美国海关和边境保护局负责执行，即按照规定制定和实施财政部部长批准的政策法规、相关条例，安排海关边境保护局的下属人员执行对外贸易区的相关工作。海关和边境保护局是对外贸易区的执法机构，它的原则是不鼓励也不阻止对外贸易区的建立和使用。海关关长是海关和边境保护局的代表，也是对外贸易区委员会在对外贸易区的代表，海关关长负责监督对外贸易区的一般流程、对外贸易区使用者、受让人的行为，并及时向对外贸易区委员会汇报情况并提出建议，最后进行协商。对外贸易区委员会依据海关关长的建议处理贸易区的事项。[①]

美国海关和边境保护局想要监督对外贸易区，就必须获得进入对外贸易区的访问权限。因此，对外贸易区内的运营商必须允许海关和边境保护局的工作人员进入。海关与边境保护局的工作人员在进入对外贸易区时有必要向企业的工作人员进行身份验证。进入对外贸易区后，运营商必须为海关和边境保护局的工作人员提供相关设备和场所，配合海关和边境保护局的审查、审计等相关合法行为。相对应地，海关和边境保护局的工作人员也需要考虑运营商和使用者的安全健康、保险问题以及工会工作的相关规则。

（二）政策制度

美国建立自贸园区的宗旨主要是希望通过简化进出口程序，实行税收优惠等行政和资金支持措施，发展进出口贸易，达到创造就业机会、发展地方经济、提高财政收入的目的。随着经济全球化的发展和国际贸易竞争的激烈态势，美国的各级政府为了提高各自对外贸易区的竞争力，对自贸园区的优惠政策和制度进行了改革创新，如自贸园区内不设海关机构，对企业的设立和发展不设置过多的管理权限等。

---

① 林雄：《中国自贸区建设与国际经验》，中山大学出版社,2016,第 150—154 页。

又如，为了吸引投资，对外贸易区委员会规定，任何进入美国领土的商品都可以进入对外贸易区。目前，美国对外贸易区准许进入的企业和产品类型如下：

（1）炼油厂／石化设备、石油钻探设备、工业／机械设备、钢铁、金属和矿物质、化学制品、硅树脂／其他能源产品、药品、医疗用品和设备。

（2）建筑设备、造船厂、飞机、汽车、半导体、国防产品。

（3）打印机、复印机、资料存储产品、电子／电信产品、其他消费品。

（4）化妆品、纺织品、鞋类产品、香水、食物、保健品。

（三）发展环境

美国作为世界上的经济强国和经济大国，十分注重自贸园区本身的机制创新和发展，注重在减免关税的同时为区内的企业提供便利、优质的服务和良好的发展环境。事实证明，好的商品储存和管理机制可以吸引更多的企业和厂家入驻自贸园区。

为企业的发展提供良好的环境也是所有对外贸易区努力追求的目标。企业发展的环境包括看得见的生态地理环境和看不见的制度政策环境。其中，良好的生态地理环境是对外贸易区可持续发展的必要条件，关系到企业的未来和对外贸易区所在地居民的生活水平。美国作为对外贸易区发展大国，多年的发展历程使许多对外贸易区积累了丰富而宝贵的环境保护经验。

1. 西雅图港对外贸易区

西雅图港对外贸易区非常重视环境保护与经济发展，一直致力于通过各种方法措施保护对外贸易区的生态环境并在这方面取得了令人瞩目的成绩。例如，为了改善对外贸易区的空气质量，西雅图港口委员会将飞机减排工作纳入政府工作议程，同时以西雅图—塔科马国际机场为代表，将减少温室气体排放列入自己的发展计划中；为了保护水资源，西雅图港长期坚持合理利用天然水资源，并在此方面获得了环境成就奖项；为了减轻不可回收垃圾对环境造成的压力，西雅图港对外贸易区鼓励企业使用可再生材料资源。

2. 辛辛那提对外贸易区

辛辛那提对外贸易区经营的出口加工贸易会产生部分电子垃圾，从而对环境造成有害污染。众所周知，电子垃圾含有有毒有害物质，不仅会污染空气和土壤，还有可能通过水源对人体造成不可逆转的伤害。因此，如何处理好电子垃圾是辛辛那提对外贸易区必须解决的问题。辛辛那提对外贸易区也深刻意识到了这一点。辛辛那提 "3E"（Energy-Economy-Environment，能源 - 经济 - 环境）绿色经济峰会顺势产生。辛辛那提对外贸易区每年都会举办这一峰会，目的就是让对外贸易区内的管理者和经营者一起学习、讨论如何处理废水、废物，如何进行能源和资源的节约，会议最后还会制订出既考虑到企业的生产效益，又能保护环境的可持续的方案计划。

（四）外界帮助

美国自贸园区发展建设的经济成果一般由地方政府和当地民众享有，联邦政府虽然没有直接受惠，但在地方自贸园区的建设中也会提供很多帮助。例如，联邦政府机构及银行会为自贸园区内的企业提供利息优惠的贷款；安排区域内工作人员的退休金采取优惠的政策。此外，联邦法规对进入自贸园区的试验设备、生产设备、厂房等折旧设施，也会给予最大的优惠。

这些细致的机制改革举措，是美国自贸园区为了应对全球贸易自由化的挑战而开展的。然而从长远的发展趋势来看，狭义的自贸园区所承受的压力会越来越大。有一些国外的汽车企业利用美国本地的自贸园区政策与美国汽车行业竞争，不但没有带动当地经济，还导致区域失业率进一步升高；一些跨国犯罪团伙利用自贸园区宽松的管理环境开展非法勾当，这些都是未来自贸园区发展需要面对和解决的问题。

第二节 韩国自贸园区发展战略及经验启示

一、韩国自贸园区概况

韩国自贸园区又称韩国经济自由区，其中设立于 20 世纪 70 年代的马山自贸园区是韩国最早的向外国企业开放的工业区，为当时韩国经济的发展做出了突出贡献。进入 21 世纪，韩国各地纷纷设立自贸园区以平衡区域经济的发展，已有马山、金堤、群山等多处产业型自贸园区以及釜山港、仁川港等多处物流型自贸园区。

总的来讲，韩国设立自贸园区的主要目的在于吸引并维持外商投资。韩国自贸园区建设的具体目标：为自由而广泛的企业活动提供各种税务优惠，完善现有的规章制度，提高行政服务的水平；为区内的经营者和工作者提供便利的生活环境；为建设发展国际化的企业提供各种福利优惠，制定国际化的经济、社会制度；开发最高端的办公设施，建设国际一流的机场、港湾等物流设施以及具有综合功能的学校、医院，具有旅游功能的观光设施等，最终打造出世界顶级水平的都市。

二、韩国釜山·镇海经济自由区的发展战略

韩国国内设置的众多自贸园区都为促进当地经济的发展、吸引外来投资出台了相应的政策，提供了相应的优惠条件，但很多自贸园区在设立之后并没有达到预期的效果。从运营的角度来看，发展较好的自贸园区只有仁川经济自由区和釜山·镇海经济自由区。以釜山·镇海经济自由区为例，介绍其值得借鉴的发展战略。①

（一）经济自由区的设立

2003年10月，釜山·镇海经济自由区正式成立，占地总面积约104平方千米，位于釜山新港周围，由釜山市江西区的部分区域和庆尚南道镇海市的部分区域组成。经济自由区又可分为5个分区，区域之间相互关联，互相影响，如图2-1所示。

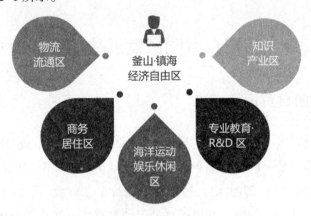

图2-1 釜山·镇海经济自由区5个分区

---

① 林雄：《中国自贸区建设与国际经验》，中山大学出版社，2016，第169—173页。

（二）功能定位

釜山·镇海经济自由区占据了东北亚经济中心的优越地理位置，目前已发展成为国际化的商务基地和韩国最高级的经济自由区，为外商企业提供了优质的企业经营环境和生活居住环境。釜山·镇海经济自由区在功能定位上划分了五个方面，即东北亚物流的新据点、最优质的企业入驻环境、未来尖端产业的中心、知识基础型的业务城市和绿色亲和的观光休闲地。

东北亚物流新据点的建设规划是发展物流运输，完善基础设施建设，组建新港湾、西釜山流通园区以及北侧后方园区。

最优质企业入驻环境的建设规划是建设最高端的科学研究中心，开设外国形式的教育机构，发展国际医疗，建设国际化的医疗团队，为外国人构建适宜居住的园区环境。

未来尖端产业中心的建设规划是组建多功能的高端产业园区。这些产业园区的发展目标主要是吸引外方投资；规划建设两大地方产业园区和一个尖端产业园区，即新湖地方产业园区、釜山科学地方产业园区和美音地区尖端产业园区。

知识基础型业务城市的建设规划是发展釜山·镇海经济自由区，城市产业打造国际型业务城市，如松亭地区国际业务城市。

绿色亲和观光休闲地的建设规划是建设海洋观光的基础设施，建设南山地区的休闲休养地和熊东地区的综合性观光休闲园区，以打造绿色自然的景观环境为目标。

（三）法治保障

为了更好地管理国内自贸园区的运营情况，韩国政府制定了专门的法律法规，包括《经济自由区指定及运营特别法》《经济自由区指定及运营特别法施行令》《经济自由区指定及运营特别法实施条例》。同时，韩国政府还制定了相应的管理法规和实施条例来约束和管理经济自由区内的外商投资促进、外国教育、外国医疗机构设置以及房屋的租赁、销售等事宜。釜山·镇海经济自由区需要遵守以下相关法律法规（表2-1）。

表2-1　釜山·镇海经济自由区需要遵守的相关法律法规

类别	法律法规名称
经济自由区 指定和运营	《经济自由区及运营特别法》
	《经济自由区指定及运营特别法施行令》
	《经济自由区指定及运营特别法实施条例》
外商投资促进	《外国人投资促进法》
	《外国人投资促进法施行令》
	《外国人投资促进法实施条例》
外国教育机构	《经济自由区及济州岛国际自由城市的外国教育机关设立、管理特别法》
	《经济自由区及济州岛国际自由城市的外国教育机关设立、管理特别法施行令》
外国医疗机构	《经济自由区内外国医疗机构设立许可程序条例》
房屋租赁销售	《经济自由区内豁免公寓价格限制规定及体育设施作为独立住房例外的使用标准》

（四）投资准入

1.投资条件

有三类经济个人或团体可以在韩国经济自由区内自由开展经济活动，即外国人、外国企业和国际经济团体。其中，外国人不仅仅指生物学上的个人，具体可分为拥有外国国籍的个人、外国法人和国际经济协力机构三类；外国企业指的是外国投资者投资的企业或者出资的非营利企业。开发事业只有在各经济自由区域厅所授予的事业施行者的情况下，才能以外国人个人或者法人以及财团等资格进行。

2.投资程序

韩国经济自由区的一般投资程序如图2-2所示。

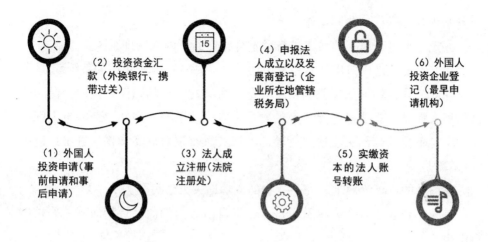

（2）投资资金汇款（外换银行、携带过关）

（4）申报法人成立以及发展商登记（企业所在地管辖税务局）

（6）外国人投资企业登记（最早申请机构）

（1）外国人投资申请（事前申请和事后申请）

（3）法人成立注册（法院注册处）

（5）实缴资本的法人账号转账

图 2-2　韩国经济自由区的一般投资程序

3. 投资形式

根据韩国《外国人投资促进法》和《经济自由区指定及运营特别法》的相关规定，外国人、外国企业和国际经济团体可以对新建立的工厂进行直接投资、施行开发项目或引进固定资产持有股份投资等。外国人在韩国经济自由区内的投资形式主要包括以下四个方面的内容：

（1）取得新股等形式的外国人投资。

（2）取得既存股份等形式的外国人投资。

（3）因合并取得股份等情形。

（4）采取长期借款方式的外国人投资。

（五）海关监管

近几年，韩国海关以建设 21 世纪全球最佳海关为发展目标，全方位地提升了海关管理的效率和效力。具体如下：

（1）改善了进出口物流管理系统。

（2）提高了快递货物通过服务水准。

（3）完成了"电子海关"建设。

其中，"电子海关"建设在提高海关工作效率方面的改进措施又包括以下方面：

①安装了以互联网为基础的申报系统，与之前以电子数据交换为基础的

业务系统合并运行，共同运作。

②把三十多个单一的系统进行了整合，连通了内部管理系统。

建立了覆盖进出口申报和检疫申请的"一站式"电子化通关系统。

除此之外，韩国的保税制度还规定，商品货物在韩国保税区内会受到严格的海关控制，想要进入保税区的物品也有一些限制。当然，经济自由区在原则上是不受《韩国关税法》管辖的，海关只有权对商品货物的进出口进行监督管理。

在商品的进口程序上，商品货物的成功通关大致可分为三个步骤：

首先，企业或者个人将希望进入经济自由区内的商品货物向海关署长进行申报。

其次，海关署长确认申报是否合法并进行受理，对商品货物的相关材料进行审查。

最后，申报受理后，海关署长向申报人发放进口申报证；商品货物随即可以运到经济自由区内。

与之类似的还有商品的出口程序。商品货物出口通关也需要企业或个人在物品装载前获得所属区域海关署长的出口申报受理。目前，出口申报已经可以通过电子数据交换或网上申报快速获得，而一些报道用具或宣传册更是可以通过简易出口申报的程序，更加快捷地进行出口通关。海关机构规定从出口申报受理日起30日内，企业或个人需要把商品货物装到要运往外国的运输工具上。当装载日程更改或者发生了意外情况导致无法在规定期限内进行装载时，企业或个人还需要及时获得区域海关署长的装载期延长批准。图2-3为韩国海关的出口通关程序图。

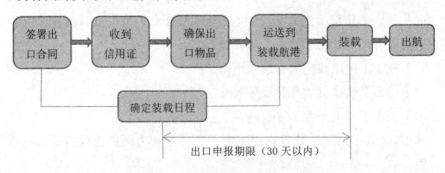

图2-3　韩国海关的出口通关程序

（六）产业设置

釜山·镇海经济自由区的主要产业包括港湾物流产业、尖端产业、观光休闲产业、国际新都市产业、教育和医疗产业。这些产业的设置与经济自由区的区域划分有关，不同的区域会重点发展不同的产业。釜山·镇海经济自由区划分为六个区域，即新港湾地区、智士地区、鸣旨地区、头洞地区、熊东地区、美音园区。

新港湾地区处于整个经济自由区的交通枢纽位置，主要负责物流、海运等国际流通业务。

智士地区计划发展成为尖端配件材料园区，生产机械、汽车配件、造船器材等尖端配件，为韩国最佳基础设施制造提供材料。

与智士地区发展产业类似的是美音园区。美音园区也将尖端配件材料产业作为自己的主打产业，可以为釜山·镇海经济自由区周边的优秀汽车商家和世界闻名的造船企业高效、顺畅地提供配件。

鸣旨地区将重点发展两个园区，即西釜山流通园区和新湖园区。西釜山流通园区因为邻近金海国际机场，经济自由区域厅选择将其规划为航空物流基地，同时同智士地区一样，发展尖端配件材料产业；而对于新湖园区，韩国政府将集中投资将其建设为韩国著名汽车品牌的东北亚发动机生产基地。除此之外，鸣旨地区还会发展金融产业，也就是说，鸣旨地区最终计划发展成为具有多种产业功能的综合园区。

头洞地区为了保证本地区的区域竞争力大力发展尖端材料产业和机电行业，并构筑了与校园人才合作共赢的产学协同机制。

熊东地区可用于开发的土地面积为 9.8 平方千米，经济自由区域厅计划在该区域建设高尔夫球场、海洋休闲设施、会展中心、旅游宾馆等具有休闲文化特色的海滨度假村。此外，熊东地区也在加强物流路通行业和尖端制造行业的发展建设。

三、韩国经济自由区的建设经验启示

（一）选址科学

韩国政府在考虑经济自由区的选址时，会优先考虑地理位置优越、交通便利的地区，这就导致很多临近港口或机场的地区被规划为经济自由区，其中比较突出的是釜山港和光阳港，它们在全球干线航路上都尤为重要。而位于仁川经济自由区的仁川机场更是依靠全球第二的货物吞吐量得到了韩国政府的重视，韩国政府因此明确提出仁川市要以仁川机场为中心，建设枢纽城市和物流网络。

（二）政策优惠

韩国政府制定了一系列优惠政策来吸引外来的投资者在经济自由区发展自己的贸易产业。以下举出几例：

在税收政策上，韩国政府规定外资公司在盈利之后的前 3 年免除全额所得税，第四年和第五年减免 50% 的额度；进口固定资产关税在企业入驻的前 5 年也将全额免除。

在承担的义务上，经济自由区的外资企业比普通的企业承担更少的义务，在经营活动上更加自由便利。

在土地租赁、厂房建设、技术研发和发展方面，经济自由区的外资企业能享受到国家财政的大力支持。

在企业的经营活动方面，韩国政府推出了方便企业开展经营的相关政策，如企业因项目计划简化而递交的项目变更申报程序从申请到批准通过的时间比原来缩短了 3 个月。

（三）服务优化

韩国政府通过扩大行政服务的领域，提高行政和生活服务的标准，吸引外商企业的投资和入驻。具体的措施有以下两个方面：

一是在政府的管控上有所放松，让企业感受到政府的行政支持。例如，韩国政府在外汇制度上，允许主要的外国货币在经济自由区内自由通行；在生活服务上，开放教育、医疗行业，引进外国广播电视。

二是改善了外商的居住环境，帮助外商尽快适应在经济自由区的生活。韩国政府为了改善外商居住生态环境，建设了大量的绿地；为了丰富外商业余生活，修建了娱乐设施；为了方便外商办理行政业务，规定政府工作人员在服务过程中使用英语；建立了国外高校的分校，引进了国外先进的医疗机构。

（四）发展难题

经过多年的发展，韩国一些经济自由区发展很成功，取得了令人瞩目的成绩，但也有一些经济自由区面临着引资困难、开发不平衡等问题。

由于有些经济自由区不能吸引足够的外国投资，韩国政府决定通过系统改革的方式评估经济自由区的运营情况，并根据评估结果，缩小甚至关闭一些经济自由区。

关于开发不平衡的问题，如果指定的经济自由区域在 3 年内没有按照计划进行开发，那么该经济自由区就要面临被取消的危险。同时政府也不能为了平衡区域发展在一些没有条件设立经济自由区的地方征地设立经济自由区，这种经济自由区很容易出现引资等经营问题。

第三节 新加坡自贸园区发展战略及经验启示

一、新加坡自贸园区概况

地处马六甲海峡和新加坡海峡的重要战略位置，新加坡在 1965 年独立之后就充分利用自己的位置优势，大力发展转口贸易。为了将新加坡打造成世界一流的仓储和物流中心，吸引世界各国、各地区的商品货物到新加坡进行中转、运输，新加坡政府通过了《自由贸易园区法案》，对自贸园区的功能定位、管理机制、政策法规等进行了规定，为新加坡自贸园区的成立奠定了基础。

1969 年，新加坡政府在裕廊码头成立了新加坡的第一个自贸园区，即裕廊海自由贸易区（以下简称"裕廊海港自贸园区"）。在裕廊海港自贸园区成立初期，政府就规定了自贸园区内的企业可以享受免缴税费的优惠政策，商品货物在该区域内的储存、加工、出口因此十分方便快捷，促进了该区域转口贸易产业的发展。同时，新加坡政府将裕廊工业区打造为工业的生产基地，既发展了当地的经济，又间接加快了新加坡其他自贸园区的建设发展。

随着国际分工的进一步深化，新加坡自贸园区紧跟时代潮流，开始修改自贸园区的政策法规。首先，政府开始允许外商在自贸园区内直接投资经营工商业；其次，对各类进出口商品免收关税；最后，在金融服务、物资、资金、人员的进出方面为企业提供了充分的自由。截至 2020 年，新加坡已建成近 10 个自贸园区、30 多个工业区和 70 多个保税仓库，其中包括裕廊海港自贸园区、樟宜自贸园区、勿拉尼终端保税区、巴西班让港口自贸园区、空港物流园区等。

二、新加坡裕廊海港自贸园区的发展战略

（一）自贸园区规划

裕廊海港自贸园区是新加坡建国以来建立的第一个自贸园区，得益于新加坡政府和裕廊集团的共同努力，裕廊海港自贸园区在世界范围内都赫赫有名。[①]

裕廊海港在规划之初只有两个停泊舱位，但随着裕廊集团在工业园区、房地产等行业的快速发展，裕廊海港的整体实力有了提高：

1970 年，裕廊海港第一次将港湾的货运量提升到了 100 万吨以上。

1971 年，裕廊海港进行了扩建，增加了停泊舱位和运输物流的渠道，扩大了仓库面积。

1989 年，达马劳岛重新开垦建造，裕廊海港的土地面积得以拓宽，停泊舱位也继续增加。

1997 年，裕廊海港建成世界上最大的通用水泥码头，并安装了当时最新的专业水泥处理终端系统。

2001 年，裕廊海港建立了集装箱码头，完成了向多用途港口的转变。

2008 年，裕廊海港建造了专为新加坡船舶用品供应商及驳船业务服务的本茱鲁码头。

2017 年，裕廊海港启动了清洁石油产品储存设施——裕廊海港油储码头。

2020 年，裕廊海港开始建设预拌混凝土生态系统建筑工程，预计 2023 年完工。这个工程建成后，将大大提高裕廊海港的生产效率和建筑业者的规模效益，还能减少碳排放量。

① 林雄：《中国自贸区建设与国际经验》，中山大学出版社，2016，第 174—179 页。

目前，裕廊海港自贸园区已发展成为全球最自由度排名靠前的几大贸易区之一，现正致力于通过大力发展科技为港口和当地经济发展带来更多效益。

（二）功能与模式

1.功能定位

在功能定位上，裕廊海港一开始就定位为全面发展的综合型工业区。根据裕廊海港地理环境的特点，新加坡政府对不同的区域做出了不同的规划：

（1）市区的中部地区发展轻工业和一般工业。

（2）靠近市区的东北部地区发展电子、电器和技术密集型产业，这些都属于新兴工业和无污染工业区。

（3）临近海边的西南部地区建设为港口，发展重工业。

（4）裕廊河沿岸地区环境适宜，用于日常生活和居住。

裕廊海港综合性工业区兼具工业生产和转口贸易的功能，又是人们居住的场所，因此，政府十分注重环境保护问题。在工业区建设初始，政府就预留了10%的土地用作公园和风景区建设，现在已建成风景宜人的工业区、居住区和旅游区，有"花园工业镇"的美称。

2.模式选择

工业园区的建设有两种基本模式供经营者选择：一种是根据企业实际的需求进行建设，如生产需求和扩展需求，其优点是投入的成本和建设的风险较小，缺点是基础设施分布零散、不成规格，生产效率较低；另一种是先对整个工业园区进行整体规划，按照规划集中主要人力、物力、财力完善基础设施建设，其优点是建设效率高，能迅速改善投资生产环境，缺点是建设成本高，风险较大。

裕廊综合工业园区选择的是第二种模式，即先做好对工业园区的建设和使用规划，再投入大量的资金建设现代化的公路交通、发电厂、自来水厂和裕廊港湾码头，以及超过300栋的标准化厂房用于吸引生产企业；同时建成了一些社会服务设施，如学校、商场、体育馆等，这些设施会同工业生产设施共同打造了具有综合发展功能的裕廊工业园区。

（三）法治保障

裕廊海港自贸园区的法治保障是早在 1969 年就通过了的《自由贸易园区法案》。该法案作为管理自贸园区运营的主要法规，最早在 1966 年就已由新加坡的最高立法机关提出了，1969 年是该法案对自贸园区企业的首次颁布公示。1987 年新加坡最高立法机关结合自贸园区的实际发展情况又对此进行了修订。《自由贸易园区法案》的制定主要参考了《新加坡海关法》和《新加坡进出口商品管理法》两个法规。

该法案对自贸园区的位置、政策、主要监管部门及其职责都做了较为详尽的阐述，确定了政府部门的双重身份，即一方面作为自贸园区的服务机关，要提供各种信息；另一方面作为管理机关，要监督自贸园区企业的合法经营。这一点是该法案的特色之一，有助于保障自贸园区政策的稳定性和投资者的合法权益。

（四）投资准入

新加坡施行自由港政策，并于 1995 年加入 WTO。除此之外，新加坡还与世界上众多想要与新加坡发展贸易的国家或地区签署了自由贸易协定，签署对象中既有发达国家，也有发展中国家，还有地区贸易联盟（如欧洲自由贸易联盟）；与科威特、埃及、阿联酋等国家就商签双边自贸协定达成一致；与智利、新西兰、文莱签署了首个横跨世界三大洲的自贸协定；与海湾阿拉伯国家合作委员会签订了对方与其他国家签订的第一份自贸协定。此外，新加坡还在积极展开与其他有合作意向的国家或地区组织的谈判。

新加坡在自由贸易协定中所做出的承诺比新加坡在 WTO《与贸易有关的投资措施协议》中承担的义务还要多，这些承诺在很大程度上加强了对外国投资的保护，如对最惠国待遇的延期，给予自由贸易协定伙伴国在投资上的国民待遇标准等。不同国家投资者的受益情况根据签署的不同自贸协定条款而有所不同。

新加坡在自贸协定中做出了向 WTO 成员以外的国家开放多个产业的承诺，如完全开放商业、外贸、直销广告、租赁、电信市场，且大部分行业没有外资出资的比例限制，也没有本地含量和出口比例等硬性要求，只需要进行年度备案即可。然而，这并不意味着新加坡政府对任何产业的管制都如此宽松，有些污染环境或危害社会安全的行业（如爆竹行业、国防工业等）还是需要接受政府的严格管控。

除此之外，很多劳动力资源密集且附加值较低的制造业，在新加坡的发展也受到了限制。新加坡《制造业限制投资法》规定，新加坡政府对以下制造业一般不予核准投资：啤酒、冷藏车、纤维纺织制品（雇佣职工人数大于100人者）、汽车、飞机、海上运输、水泥、木料、制铁、烟花、光学透镜、照相用品、安全救生用具等。

（五）海关管制

为了吸引转口贸易，发展进出口贸易，方便各类贸易的顺利开展，新加坡自贸园区将海关控制权限定在最小范围内，并且在商品货物监管方面制定了相应的管理制度。

1. 规定进口商品货物的种类

裕廊海港自贸园区禁止进口的部分商品货物种类如图2-4所示。

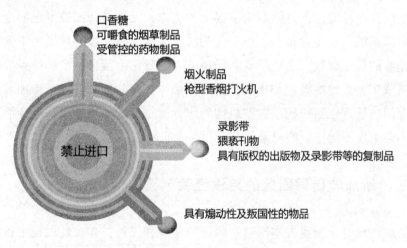

图2-4　裕廊海港自贸园区禁止进口的部分货物种类

2. 规定商品货物的存储方法

进口至自贸园区的产品一般情况下没有配额的限制。关于自贸园区商品货物的存储，首先所有商品货物（包括陆运、水运和空运货物等）都必须先存放在自贸园区的仓库中；特定种类的商品，如一些易燃类商品则需要存放在特许仓库中。在这之前，进口的应税商品不需要海关的许可，但空运货品和水运的集装箱都需要换乘自贸园区的内部运输方式。

3. 规定商品货物如何进行再加工

根据新加坡海关的现行法令规定，进口企业对于自己存放在自贸园区内的货物进行再加工之前，首先要获得当地海关的许可；在没有得到海关许可证之前，企业不得对存储的商品货物进行分类、测试、包装或修理。货物的这些处理活动由收货人 24 小时进行监控。此项规定对那些需要重整商品货物的企业及出口商都大有裨益，他们可以将来自不同国家和地区、在不同批次中运来的货物先进行合并，然后再装船运往目的地。

（六）环境保护

新加坡政府通过制定严格的环境发展目标、健全的环境保护法律、周密的环境保护计划，以及执行面面俱到的管理，将新加坡建设成了一个既美丽又干净的国家，在 728.6 平方千米（2021 年）的国土上，绿植和鲜花随处可见，城市如同花园一般令人赏心悦目。

新加坡在环境保护方面制定了健全的法律，无论是新加坡本地的企业还是自贸园区的入驻企业都必须遵守这些法律规定。新加坡的环境污染管制法令为企业的施工建设、工业活动和居民个人的日常生活提供了法律保障，各种生活或工业废物的处理和排放都需按照法律规定的标准进行。新加坡还设立了专门的管理监督机构，这些机构的职责就是保证各项建设和社会活动的开展不会引发不能控制的健康、安全和污染问题。

三、新加坡自贸园区的建设经验

新加坡政府十分重视本国自贸园区的建设和发展，并在此过程中投入了大量的时间和资金，才将新加坡自贸园区建设成了亚洲地区乃至全世界范围内都十分有名的优秀自贸园区。新加坡自贸园区的建设发展经验可以从以下五个方面来分析，即管理体制和法律体系、全面开放和优惠政策、基础工作和服务水平、基础设施建设以及自贸园区建设中出现的一些发展问题。

（一）管理体制和法律体系

新加坡自贸园区具有高效率的政府管理体制和完善的法律体系。其中，高效率的政府管理体制表现在以下方面：

（1）新加坡财政部负责自贸园区的宏观规划，根据不同地区的发展需要设立相应的自贸园区，财务部部长有权指定自贸园区的主管或者经营机构。

（2）主管或经营机构可以出自政府部门、企业或者法人实体，他们负责自贸园区的开发到经营的全过程。

（3）在自贸园区的开发管理过程中，行政管理职能与开发职能由不同的单位机构负责，招商和规划一般由政府负责，而具体的开发和经营则由自贸园区的主管机构负责。

完善的法律体系则是指《自由贸易园区法案》的制定与出台，该法案由新加坡国家最高立法机关出台，全面地规定了自贸园区的功能定位、管理体制、运作模式和优惠政策，有利于保障自贸园区产业的稳定发展和投资者的合法权益。

（二）全面开放和优惠政策

新加坡自贸园区对外商的投资没有太大的限制，主要体现在以下三个方面：

（1）完全开放商业和外贸等市场。

（2）行业没有补资、出资比例限制，新闻业等公共事业除外。

（3）自贸园区的金融制度和外汇管理制度都具有自由、开放、宽松的特征，政府没有任何外汇管制措施，无论是外汇还是其他形式的合法收入，都允许自由进出自贸园区。

自贸园区还通过制定税收优惠政策和其他类型的优惠政策吸引外资，激励区内的产业发展。很多自贸园区之前就处于工业园区之内，享受着工业园区优惠税收政策，在自贸园区成立之后，政府又加大了对企业生产的税收力度，除了对关税进行豁免之外，政府还在个人所得税、企业所得税等税收方面制定了免税、减税、退税等优惠政策。例如，为了吸引航运企业入驻自贸园区，政府推出了相关优惠政策：

（1）船舶注册登记制度。

（2）国际船运企业优惠制度。

（3）核准国际船务企业计划。

（4）核准船务物流企业计划。

（5）新加坡海事金融优惠计划。

（三）基础工作和服务水平

为了更好地服务自贸园区的外国企业，做好管理机构的基础行政和管理工作，新加坡政府将英语课程纳入全体国民的学校教育，培养了国民良好的英语水平，促进了服务机构与外国企业的有效沟通，进而促进了自贸园区转口贸易的发展。

除此之外，新加坡关税局还会为企业定期开展与货物通关相关的培训课程，加强企业对通关实务、通关文件需求及许可文件申请程序的认识与了解，从而达到提高通关文件准确度、简化海关作业程序的目的。

（四）基础设施建设

为了提高自贸园区的竞争力，新加坡政府不仅制定了很多优惠政策，还加强了自贸园区的基础设施建设和规划，其中就包括信息网络的使用。信息网络保证了货物、人流在自贸园区内的自由流转，到港船舶的无缝衔接以及货物、集装箱装卸的调度。

除此之外，新加坡自贸园区还使用港口网和码头作业系统。港口网为了减少客户提交单据后的等待时间，提供每天24小时不间断服务，它的工作主要是为港口用户提供船只进出港及货物在港状态、预订舱位信息等。码头作业系统则负责整合、规划和管理货柜码头所有的货柜作业，得益于此系统，港口集装箱通过港区大门的通道只需要20多秒。

同时，自贸园区完善的基础设施建设和规划保证了货物在完成装卸作业之后，通过发达的交通系统快速且及时地将货物送到目的地或转运处。

（五）发展问题

随着世界各国、各地区建设自贸园区的热情不断高涨，全球自贸园区的面积逐渐扩大，国家与国家、国家与地区之间签署的自由贸易协定也越来越多。这种局面带给新加坡自贸园区的有利因素是新加坡可以利用自己自由贸易岛国的优势寻求更为开放的贸易合作；不利因素是越来越多的自贸园区带来了巨大的竞争压力，减缓了新加坡自贸园区的发展速度。在这种强大的压力环境下，如何保持自身的优势，是新加坡自贸园区目前面临的主要发展问题。

第三章　中国自贸试验区的发展与战略布局

第一节　中国自贸试验区的主要特点和问题挑战

一、中国自贸试验区的主要特点

（一）先行先试——以上海自贸试验区为例

如同在改革开放的进程中通过设立经济特区扩大开放的程度，中国在发展对外贸易的过程中决定通过建立自贸试验区的方法来促进对外贸易和当地经济的发展。2013年9月份，中国内地成立了第一个自贸试验区——中国（上海）自贸试验区。

（二）雁式矩阵发展格局

2015年，伴随着第二批自贸试验区广东、天津、福建的成立，中国自贸试验区形成了"1+3"沿海带状分布格局。中国设立这3个自贸试验区的初衷是与上海自贸试验区形成对比，通过试验的多样性特点证明制度创新在发展自贸试验区过程中的重要作用，并验证制度复制推广的可行性，建立更多改革开放的试验田。

2017年，为了提升内陆地区的开放程度，国务院批复成立了辽宁、浙江、河南、湖北、重庆、四川、陕西自贸试验区。从区域布局上来讲，这7

个自贸试验区涵盖了东部沿海地区、中西部内陆地区和东北地区，形成了以自贸试验区为载体的开放的"雁形阵"布局。

在这三批自贸试验区全部成立之后，2018年，党中央、国务院赋予了海南经济特区改革开放的新使命，计划将海南全岛建设为自贸试验区。2019年，中国新增6个自贸试验区，分别是山东、江苏、广西、河北、云南和黑龙江，至此中国的自贸试验区数量达到18个，实现了沿海省份自贸试验区的全覆盖；2020年9月，中国又增加了北京、湖南、安徽自贸试验区，使自贸试验区的数量增加到21个，形成了自贸试验区发展的"雁式矩阵"发展格局，覆盖了从南到北、从沿海到内陆的多个省份地区，多处试点，争相开花。这些自贸试验区既能服务于京津冀协同发展，促进"一带一路"建设，也能服务于西部大开发建设、振兴东北老工业基地、促进中部地区崛起、加快东部地区发展四大板块的区域发展。

（三）不同特色的自贸试验区不同

各自贸试验区所处的地理位置不同、发展情况不同，因此它们需要根据国家的发展战略，结合自己的区位优势对未来的发展道路进行立体化的探索。各自贸试验区都是新形势下深化改革开放的重大举措，都将制度创新作为发展的核心任务，但在功能定位、具体目标与其他发展任务上略有不同。接下来以五个自贸试验区为例分析其各自的发展特色。

1.上海自贸试验区

上海自贸试验区自成立以来，就承载着国内首个自贸试验区的试验压力。这种试验压力主要来自完善体制和制度的建设问题。上海自贸试验区一直看重制度创新这一建设的核心任务，坚持以制度创新带动改革发展。2017年，国务院印发的《全面深化中国（上海）自由贸易试验区改革开放方案》为上海自贸试验区的开放发展设立了更高的发展目标——上海自贸试验区要依据国际最高标准创建拥有最佳水平的自贸试验区，为我国高水平的对外开放来开展新一轮的压力测试，并形成适应经济更加开放要求的系统试点经验。

根据国际最高标准、最好水平的自贸园区的建设目标，全面深化上海自贸试验区改革发展的主要任务可归纳为"三区一堡"建设。其中，"三区"

指的是试验区、测试区和先行区，"一堡"指的是服务"一带一路"建设、推动市场主体向外走的桥头堡。除此之外，上海自贸试验区还将坚持服务全国改革开放大局，尽量形成更多可以复制推广的改革开放政策和制度。

2. 福建自贸试验区

建立福建自贸试验区是新形势下推进改革开放发展进程、深化海峡两岸经济合作的重要举动。除了深化两岸的经济合作之外，推动 21 世纪海上丝绸之路的建设也属于福建自贸试验区战略定位和明显特点的内容。

2018 年，国务院印发了《进一步深化中国（福建）自由贸易试验区改革开放方案》，按照该方案的要求，福建自贸试验区将通过创新产业合作新机制、建立通关合作新模式、加强闽台金融合作、打造创新创业新平台、拓宽交流交往新渠道，进一步发挥沿海近台优势，深化两岸经济合作；通过推进互联互通、建设合作平台、创新合作模式，加强与其他国家、地区的交流合作，建设 21 世纪海上丝绸之路核心区域。

3. 天津自贸试验区

天津自贸试验区邻近北京、河北地区，是新形势下深化改革、扩大开放、推进京津冀协同发展的重要战略措施。在配合发展国家战略的同时服务京津冀地区达到共同发展的目标是天津自贸试验区的明显特点。

2018 年，国务院印发了《进一步深化中国（天津）自由贸易试验区改革开放方案》，对天津自贸试验区提出了三个明确要求：

（1）对标国际先进规则，构筑开放型经济新体制。

（2）培育发展新动能，增创国际竞争新优势。

（3）深化协作发展，建设京津冀协同发展示范区。

根据该方案要求，天津自贸试验区将采取以下措施进一步扩大对外开放程度，发展对外贸易，发挥自贸试验区对京津冀协同发展的门户作用：

（1）通过进一步深化金融开放水平和创新监管制度，发挥促进区域实体经济发展和生产要素资源市场配置的服务作用。

（2）建设高水准的国际贸易"单一窗口"，使服务区域内的跨境贸易进行得更加便利。

（3）通过加强顶层设计和统筹安排，向京津冀地区率先推广改革创新的办法经验，为区域的改革开放发挥示范和引领作用。

4.广东自贸试验区

广东自贸试验区是中国最早建成的四大自贸试验区之一。在推进改革开放的同时促进广州地区与港澳地区的深度合作是广东自贸试验区的战略特色。广东自贸试验区在地理位置上优势明显，如深圳前海蛇口片区及珠海横琴新区片区分别与香港和澳门接壤。优越的地理位置赋予了自贸试验区独特的区位功能，这种区位功能的具体使用表现就是通过自贸试验区的建设带动辐射区域经济的发展，尤其是广州、深圳、珠海等珠三角城市群经济与香港、澳门经济的进一步融合，更加促进了粤港澳地区的一体化发展。

2018年，国务院印发了《进一步深化中国（广东）自由贸易试验区改革开放方案》，对广东自贸试验区提出了明确要求，即自贸试验区要开拓发展新的产业领域，进而将自贸试验区打造为粤港澳大湾区的合作示范区。按照该方案要求，广东自贸试验区将从以下几方面着手，将粤港澳大湾区打造成合作示范区：

（1）促进粤港澳经济深度合作。

（2）深入推进粤港澳服务贸易自由化。

（3）创新粤港澳科技合作机制。

（4）建设粤港澳青年创新创业合作示范基地。

（5）携手港澳参与"一带一路"建设。

5.辽宁自贸试验区

辽宁自贸试验区地处中国东北部，而中国东北部曾是中国重工业发展繁荣的地区。随着时代的发展，当地相关工业行业发展逐渐步入末期。因此，振兴东北老工业基地逐渐成为当地政府迫切需要解决的问题，也成为辽宁自贸试验区特殊的战略定位与明显的发展特点。2017年3月，国务院印发了《中国（辽宁）自由贸易试验区总体方案》，明确指出要"努力将自贸试验区建设成为提升东北老工业基地发展整体竞争力和对外开放水平的新引擎"。

辽宁自贸试验区建设的主要目标如下：

（1）经过不到5年的改革建设，形成与国际投资贸易通行规则衔接良好的制度创新体系。

（2）营造法治化、国际化、便利化的营商环境。

（3）巩固提升对人才、资本等要素的吸引力。

（4）努力建成高端产业集聚、投资贸易便利、金融服务完善、监督高校辩解、法治环境规范的高水平高标准自贸园区。

（5）引领东北地区转变经济发展方式，提高经济发展质量和水平。

在加快老工业基地结构调整和加强东北亚区域开放合作的实务方面，政府对辽宁自贸试验区的要求主要有两个方面的内容：

（1）进一步深化国企改革，促进产业的转型升级，发展生产性服务业，构筑科技创新和人才高地。

（2）推进与东北亚全方位经济合作，加快构建双向投资促进合作新机制，构建连接亚欧的海陆空大通道，建设现代物流体系和国际航运中心。

二、中国自贸试验区面临的问题与挑战

中国的各个自贸试验区由于地理位置、发展情况、优惠政策等方面的差异，在发展过程难免会遇到各种各样的问题和挑战，这些问题和挑战有很多是共同存在的。接下来以上海自贸试验区、广东自贸试验区、天津自贸试验区、福建自贸试验区为例分析中国自贸试验区建设过程中面临的问题与挑战。[①]

（一）上海自贸试验区建设面临的问题与挑战

1. 金融开放服务企业的优势发挥

上海具备其他省市不具备的国际金融端的独特功能，因此应将未来发展的注意力放在构建多边投融资联接中枢上。但是，目前上海自贸试验区金融开放制度的改革和创新还不能满足国家战略发展目标、国际金融中心建设目标以及境内外企业的需求。具体表现在以下几个方面：

（1）金融开放制度的改革和创新受国家金融体制和政策的影响。

（2）资本项目可兑换制度还需要进一步试验和探索。

（3）跨境双向人民币资金池业务的实际效果不能满足企业的期待。

（4）跨境人民币创新业务开展的成果没有达到理想中的程度。

2. 企业集群式对外投资的规模效应

开发区介于政府与市场的组织特性和功能定位，是企业运营的独特优

---

① 赵晋平：《全球化视野下的我国自贸试验区战略》，广东经济出版社，2019，第66—75页。

势。借助开发区的平台独特优势，企业能以集群的方式在丝绸之路沿线国家投资建园，通过跨国集群网络，实现国际产能合作和经济发展模式的创新。上海数量众多的国家高新区、经济技术开发区原本是最有能力进行异地开发的开发区，然而上海在海外园区建设方面却没有完全发挥其优势，影响了上海参与"一带一路"建设的效果。

3. 对外投资管理和服务便利化水平

上海自贸试验区的对外投资管理和服务便利化水平还有待提高，主要体现在以下几个方面：

（1）对外投资活动的行政审批不够便利，效率有待提高。

（2）对外融资不够通畅。

（3）政府和社会组织尚不能满足企业需要的财税咨询服务、投资法律服务。

（4）专业服务的国际化水平还有很大的提升空间，现阶段的水平不能满足不同国家的投资服务需求。

（5）银行对金融创新政策的理解不统一执行不一致，工作人员的业务水平有待提高。

以上问题都是影响企业开展对外投资的重要因素，相关的管理部门和执行部门要认识到这些问题的重要性并提出整改的措施。

（二）广东自贸试验区建设面临的问题与挑战

1. 经济总量和辐射带动问题

广东自贸试验区由三大片区组成，即广州南沙新区片区（广州南沙自贸试验区）、深圳前海蛇口片区（深圳蛇口自贸试验区）和珠海横琴新区片区（珠海横琴自贸试验区）。这三大片区占据了粤港澳大湾区和珠三角核心区的支点位置，构成了粤港澳大湾区的核心支撑三角形。从分布位置来看，这三大片区之间应该能起到良好的支撑联动作用。但是，由于占地面积的限制，连续投资具有一定的投资边际，从而导致三大片区的发展难以突破总量的限制，进而削弱了其辐射带动性。所以，广东自贸试验区目前必须首先解决这三大片区的扩围试验问题，然后以制度创新和快速发展带动经济总量的提升，最后全面提高广东自贸试验区对粤港澳大湾区发展的辐射带动性。

2. 创新能力和产业核心竞争力

制度创新能力一直是近年来广东自贸试验区注重发展的核心驱动力，但随着时间的推移及制度创新的深入，通过改变规则和政策来调动企业发展积极性的办法已经发挥不了理想中的作用。根据创新驱动发展战略的指引，科技创新应逐步替代制度创新在创新发展中的地位，成为广东自贸试验区乃至粤港澳大湾区发展的核心驱动力。但科技创新发挥作用的前提是自贸试验区创新能力和产业核心竞争力的增强，以及科技创新和制度创新联动作用的发挥，即首先要让科技创新成为推动区域发展的主要力量。

3. 改革创新举措

通过近几年改革创新活动的开展，自贸试验区在制度上的创新已经取得了初步的成效，但由于一些客观因素的限制，一些涉及权限限制以及一些深水区的改革相对滞后，进而导致制度改革创新在整体性、系统性和协调性上还有待提高。因此，在所取得的初期成果的基础上，自贸试验区还需要进一步发挥各分散制度创新之间的关联性，最终形成整体性、系统性和协调性的改革举措。

4. 国际一流营商城市

自贸试验区开展制度创新和深化改革活动的根本目标在于通过构建国际一流的营商环境吸引来自世界各地的优质资源，进而创建国际一流的营商城市。国际一流的营商环境通常具备四个特点，即国际化、市场化、法治化、便利化，具体来说，就是世界各地的资本技术都在这里聚集、发展，市场经济发达，法制健全，生活便利。这些特点也体现了自贸试验区改革后强大的载体功能。而国际一流营商城市的构建离不开制度创新，更离不开精细化的城市管理和建设，广东自贸试验区的城市管理标准和精细化水平与国际一流城市相比还有很大的空间。

5. 政府部门依法履职和服务效率

任何一个部门工作职能的履行都要依据一定的规章制度，政府部门的改革活动更是如此。然而，目前自贸试验区的立法相对缺失，导致政府部门依法改革、依法履行职能的水平受到了影响很多改革无法可依，就不能轻易进行。这也是很多自贸试验区普遍存在的问题。虽然有些改革能在国务院各部门的规章制度中找到可以突破或依据的重点，但这样的改革实施起来就会导致管理上的不确定性，即一个问题可能需要多个部门来管理、协调和解决。在目前的改革环境下，政府虽然已经实施了一部分的审批制度改革，但涉及政府行政服务的专项改革还有提升的空间，企业也需要更好的服务体验。

（三）天津自贸试验区建设面临的问题与挑战

1. 开放程度

宽松开放的外资准入制度是自贸试验区实现投资自由的重要前提，也是自贸试验区开放度和自由度的体现。要想打造国际一流的自贸试验区，就要提升开放程度，学习国际一流的投资准入制度，如阿联酋迪拜、新加坡裕廊海港等国际先进的自贸试验区的投资规则。同时，要为自贸试验区负面清单中的各项特别管理措施提供明确的法律依据，使负面清单与现行的管理模式做好衔接，进而吸引外资企业。

天津自贸试验区在这方面与国际一流的自贸试验区相比，还存在较大的差距。以外资准入的负面清单为例，其中禁止投资和数量型经营限制等限制程度比较高的措施所占比重较高，对一些服务业部门（如文体娱乐等）的外资准入限制也比较高。除此之外，是否要在整车制造、飞机制造维修等重要产业行业放开外资的持股限制，也是天津自贸试验区需要进一步考虑和解决的问题。

2. 服务贸易总量和要素聚集程度

服务贸易是否发达是衡量地区经济发展水平的一个标准。近年来，天津市服务贸易发展较为迅速，但服务贸易的总量和结构水平还有待提高。天津市服务贸易进出口额在进出口贸易总额中占比较小，且服务贸易的类型多集中在传统领域，如旅游服务业、运输业等；一些新兴的现代服务业（如信息行业、金融行业等）占比较少。

此外，天津自贸试验区还存在要素聚集程度较低的问题，主要体现在以下三个方面：

（1）功能性平台少。

（2）高端产业链少。

（3）部分企业不在自贸试验区经营。

由此导致的信息流缺失、人才流缺乏的情况亟须解决。

3. 制度创新与经济发展

自贸试验区开展制度创新的根本目的是为企业的经济活动创造良好的发展环境，进而推动自贸试验区的经济发展。如果制度创新对经济发展的帮助不大，就不能称之为有效的制度创新。目前，天津自贸试验区制度创新存在的主要问题就是制度创新与经济发展没有有效结合。其主要原因主要有两点：

（1）制度创新改革集中在程序性和技术性的制度改革上，如缩短时间、降低费用等，行政服务水平有待提高。

（2）政策性、体制性的创新改革较少，如"单一窗口"的建设、人才流动制度等，且真正实施起来并没有达到很好的市场效果。

除此之外，因为每一个自贸试验区的战略定位和发展任务都有所不同，因此每一个自贸试验区的制度创新都要有自己的独特之处，一定要依据自身的实际发展需求改革体制，从而实现差异化、个性化的发展目标。

（四）福建自贸试验区建设面临的问题和挑战

1. 国际标准投资贸易规则的建立

经过近几年的建设与发展，福建自贸试验区在改革试验、创新措施以及运营管理等方面取得了相应的成绩，但比起国际一流标准的投资环境来说，福建自贸试验区的开放试验和制度创新还有提升的空间，国际一流标准的投资贸易规则尚未建立。例如，福建自贸试验区在境外股权投资、离岸业务、知识产权的税制安排等方面缺少研判经验，部分领域的改革有待完善。

2. 对台合作任务的深化发展

福建自贸试验区总体方案中提出的关于两岸合作互动的项目由于在实际操作过程中得不到中国台湾地区的回应，导致创新合作任务难以完成。就两岸的旅游业发展政策来说，现行的自贸试验区发展政策中涉及对台旅游业的内容较少，政策支持力度较小。而且，台资旅行社提供的大陆居民赴台旅行的名额也少，在一定程度上影响了相关台资企业在自贸试验区投资的积极性；中国台湾地区对大陆车入台自驾游等对台交流合也作有一定的政策限制。

3. 已有产业基础的制约作用

相对于中国其他三大自贸试验区来讲，福建自贸试验区体量不足，进而导致一些政策的溢出效果有待提升。例如，福建自贸试验区的金融创新政策缺少服务对象，实际运营的企业数量不足，因而也不能根据企业的实际需求进行金融创新。此外，福建自贸试验区的一些试验任务与市场需求不符，与现行产业的功能定位不符。

4.法制法规的制约突破

受法律效力位阶和立法权限的限制，一些涉及部委规章、规范性文件的规定不能突破制约，在很大程度上影响了自贸试验区的建设进程。例如，某些试验任务因为国家支持政策还未出台或批复而导致无法正常推进。又如，一些规章制度的清理或建设滞后于改革的需要，某些亟待取消或可改为事中事后监管的中介服务、行政审批和收费项目，因为不符合规章制度的规定而无法清理。

第二节 中国自贸试验区的建设成效与经验总结

一、中国自贸试验区的建设成效

中国境内各大自贸试验区自设立以来积极响应国家的政策号召，不断根据国务院的政策要求开展改革创新活动，吸引投资，发展对外贸易，推动区域经济发展。经过近一段时间的探索发展，各大自贸试验区取得了一定的建设成效。根据不同领域的重点划分，目前中国各大自贸试验区的建设成效可以归纳为以下五方面的内容，如图 3-1 所示。

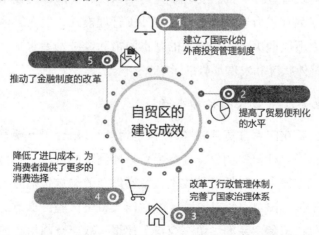

图 3-1 目前中国各大自贸试验区的建设成效

（一）建立了国际化的外商投资管理制度

中国自贸试验区对接国际化的投资规则，建立了国际化的外商投资管理制度，该管理制度的核心是负面清单管理。2013 年，上海自贸试验区首先开始实施负面清单模式，这一版的负面清单具体包括 190 项编制特别管理措施；随后出台了 2014 版负面清单，特别管理措施减少了 51 条，更新为 139 条，进一步提高了开放度和透明度；到 2015 年，国务院明确表示 4 个自贸试验区使用相同的负面清单，此时的特别管理措施已减少到 122 条；截至 2019 年年底，我国自贸试验区的负面清单已锐减至 37 条，比 2013 年缩减程度超过 80%，见证了中国自贸试验区的开放发展。

什么是负面清单？负面清单模式的实施又有什么意义呢？要想了解什么是负面清单，就要先知晓正面清单的含义。正面清单规定市场主体（包括个人或企业）可以做什么，被允许从事什么产业；负面清单则是将国家禁止和限制准入的领域、行业和业务以清单的方式列明，清单没有记载的行业、产业则默认可以开展和进入。负面清单模式是当前国际上较为常用的一种外资管理模式，这种模式的实施有以下两方面的优点：

（1）有利于激发各类市场主体的活力，鼓励市场主体向新业态、新领域、新的商业模式靠拢发展，有利于市场在资源配置的过程中发挥最大的乃至决定性的作用。

（2）倒逼政府进行审批制度改革，达到以开放促改革的作用。张于喆认为，每个国家都有权力选择自己国家的外资管理模式，但在具体的实践过程中，这种权力不仅取决于一个国家的基本国情和经济发展水平，而且受国际政治经济的整体状况和发展形势的影响。

（二）提高了贸易便利化的水平

国务院先后在四大自贸试验区进行试点作业，出台了方便贸易开展的各项政策，实施了各种模式创新，提高了贸易便利化的水平。贸易便利化的核心在于提高工作效率、降低贸易成本，主要涉及的领域包括海关监管、检验检疫、跨境支付、出口退税等。国务院在四大自贸试验区推行的贸易便利化措施，主要包括国际贸易的"单一窗口"建设、联合登临检查的"一站式作业"和"联合查验、一次放行"的通关新模式等。以上措施经试验有效后，随即在全国范围内的自贸试验区进行推广、复制，大大提高了商品货物的通关效率。当然这些措施在不同的自贸试验区的实施会依据每个自贸试验区的特点和差异进行一些变化和改动。例如，广东自贸试验区三大片区的通关环境优化措施如下：

广州南沙新区片区为了缩短企业报关时间，实现企业报关"零跑动"，率先推动实施了海关登记备案"一照一码"的改革，实行海关部门、工商部门和质检部门等多个部门之间"一个窗口受理、多个部门审批、企业信息共享、受理结果互通互认"的通关模式。

深圳前海蛇口片区推进深港、陆路跨境快速通关政策的实施，采取跨境快速通关和先入区后报关的模式提高通关效率。

珠海横琴新区片区则选择建设"三互"（信息互换、监督互认、执法互助）大通关模式，同时不忘开展口岸查验机制创新和口岸综合部门的联合执法试点。

又如，天津自贸试验区提高口岸通关、通检效率的措施如下：

（1）为企业设立互联网公共服务窗口，企业通过上网操作，就能登录递交满足监管部门要求的格式化单证和相关电子信息，审批的结果也通过互联网回复企业。

（2）实行保税货物自行运输制度，企业货物流转时间节约了一半，成本节约将近3/10。

（3）实行批次进出，集中申报制度，平均通关时间由原来的 24 小时 48 小时直接缩短到 2 小时，报关成本仅为原来的 1/3。

（4）天津出入境检验检疫局施行检验检疫的一系列便利化措施，采用检验检疫监督管理模式，即一般货物一线只负责检疫，最大限度地放开；二线重点检验，具有"管得住、放得快"的特点。

（三）改革了行政管理体制，完善了国家治理体系

如何引导经济发展是改革行政管理体制中十分重要的一环，而行政管理体制优化改革又可以完善国家治理体系。因此，引导经济发展、处理好政府管理与市场经济之间的关系是完善国家治理体系建设中的重要组成部分。一直以来，发挥市场在资源配置中的基础作用，简政放权，提高行政服务水平都是正确处理政府与市场关系的方法。

自贸试验区在建设的过程中以"法律没有明确禁止的事情都可以做，没有法律授权的事情都不可以做，法律规定的职责义务必须做"的思路，确立了政府开展行政管理工作的原则，即"负面清单＋权力清单＋责任清单"的原则。其中，"负面清单"制度的推行改变了之前的行政审批制度，不用再逐一删减行政审批事项，从程序上重新了书写市场规则；"权力清单"制度遏制了部分政府部门多余的权力手段，通过减少政府的权力增加了市场的活力与动力；"责任清单"明确了政府各部门的职责和应提供的服务，树立了政府高效服务的典范。例如，广东自贸试验区建立的"一站式"高效服务模式，实现了服务企业的一个窗口受理、多个部门同时审批的效果。

（四）降低了进口成本，为消费者提供了更多的消费选择

自贸试验区的建设降低了企业购买和引进设备的成本，为消费者提供了更多的消费选择。

在投资理财方面，自贸试验区区内、境内区外的个人都可以开设自由贸易账户，境内外的投资者资金可以自由进出，消费者能通过自贸试验区的平台接触到国际上流通的理财产品，得到海外投资的机会，享受不一样的投资理财服务。

在外资医疗方面，自贸试验区挂牌后，外资投入医疗服务领域的渠道更加顺畅，且医院从国外购买医疗设备的成本也因为自贸试验区的税费优惠而降低不少，消费者在此基础上可以不出国门就能体验外资医院的先进医疗服务。

在购买进口产品方面，以进口汽车为例，自贸试验区内的汽车进口商可以直接从汽车原产地进口汽车，这种平行进口的方式帮助消费者绕过了 4S店等销售环节，可以以更便宜的价格买到进口汽车。

（五）推动了金融制度的改革创新

根据国务院的要求，国家金融监管机构积极贯彻执行国务院的要求，先后出台了 50 多条自贸试验区金融领域的建设政策，构建了自贸试验区金融创新的基本制度框架体系。各大自贸试验区根据国务院的要求及国家金融监管机构有关政策积极推进，金融领域的开放创新，包括人民币跨境交易、人

民币国际化以及外汇管理制度的创新等。

例如，上海自贸试验区开展了深化跨境人民币结算、本外币双向资金池等金融创新，还设立了多个国际化的金融交易平台，如上海黄金交易所"国际板"等；天津自贸试验区出台并实施了包括深化外汇管理体制、完善金融服务等政策在内的"金改30条"（《中国人民银行关于金融支持中国（天津）自由贸易试验区建设的指导意见》）规定，促进了融资投资的便利化发展；广东自贸试验区利用毗邻港澳的地理优势，大力推动区内与广州地区、香港的基金产品互认业务，促进了粤港澳的保险合作和证券期货经营机构之间的合作，各种金融创新试点业务领先全国，区内跨境双向投资的渠道也有效拓宽；福建自贸试验区则发展了与中国台湾地区投资贸易的自由化，探索了台资金融机构设立合资基金管理公司的道路。

综上所述，中国内地各大自贸试验区是在全面深化改革的时代背景下设立的，自贸试验区是经济发展的试验区，其重要的功能在于先试验，再总结、复制、推广，最后达到带动国家改革开放发展的目的。事实证明，自贸试验区自成立以来，在改善贸易环境、提高贸易便利化水平、吸引外资、提高行政管理效率、优化产业结构、降低企业生产成本等方面的优势不断凸显，在保持经济稳步增长、调整产业结构方面起到了正面的作用，支持了改革开放事业的发展。

二、中国自贸试验区的经验总结

中国各大自贸试验区自挂牌成立以来已取得了初步的建设成效，积累了丰富的建设经验，如图3-2所示。

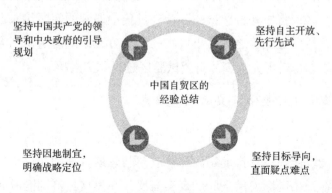

图3-2　中国自贸试验区的经验总结

中国自贸试验区建设的经验既包括理论上的指导，也包括实践上的应用。建设实践方法体现在建设的成果之中，如政府需要提高行政管理水平、开展制度创新、制定优惠政策以吸引投资、实现贸易的便利化发展，等等。下面着重探讨具有中国特色的自贸试验区建设的理论指导经验。

（一）坚持党的领导和党中央、国务院的引导规划

以往中国在改革开放的发展进程中的探索模式很多是由地方先行试验的，待地方的探索试验有了一定的成果之后，由党中央和国务院加以肯定、总结经验再推广到全国各地；而自贸试验区的建设与这种发展模式不同，其发展的设想和规划先由党中央和国务院提出来，中央各部委、地方政府随后根据党中央和国务院的规划将自贸试验区的建设落实下来，在自贸试验区的开发和建设过程中，党中央和国务院一直密切关注着这期间遇到的问题，并及时给予政策上的引导和支持。

中国自贸试验区的建设从设想的提出到目前发展进程的加快，都充分体现了党中央和国务院领导规划、设计决策的重要性和有效性。在党中央和国务院的引导规划下，中国自贸试验区的发展战略和发展路线清晰，综合布局合理有序，发展进程较快，且发展效果较为显著。

（二）坚持自主开放、先行先试

中国的自贸试验区建设立足于中国特色社会主义的基本国情，沿袭了中国改革开放政策的施行理念，坚持自主开放、先行先试、由点及面、循序渐进的发展原则，形式了以四大自贸试验区为代表的 21 个高标准、严要求的国内自贸试验区，将中外自贸试验区谈判过程中遇到的问题代入自贸试验区进行试验，总结发展经验之后提出恰当的解决方案，既能应用到今后的对外谈判中，又能为今后更大范围的自贸试验区建设积累经验。

（三）坚持目标导向，直面疑点难点

中国的自贸试验区建设坚持从国家发展的整体利益和长远利益出发，既考虑到自贸试验区建设在推动国内经济改革与发展方面的作用，也不忘自贸试验区建设在开拓国际发展空间的现实需要；在发展经济的同时兼顾国家的

政治利益和外交利益发展，积极投身到全球经济一体化的进程中来，努力实现与其他国家和地区的互利互惠、合作共赢。在核心利益和重大利益面前能坚守底线和原则，敢于直面自贸试验区建设中令管理部门和企业关心的难点问题和焦点问题，积极通过开放的方式提高区域的竞争力，促进地区经济的发展。

（四）坚持因地制宜，明确战略定位

自 2013 年上海自贸试验区正式挂牌成立以来，中国的自贸大家庭已发展为 21 位成员的大集体。这些成员虽然同为自贸试验区，但是都是依据因地制宜的原则，根据各自区域不同的发展特点规划设立的。同样，由于各自贸试验区的地理位置和区域特点不同，它们的发展目标和战略定位也各不相同。以 2019 年设立的 6 个自贸试验区为例，它们的战略定位分别如下：

山东自贸试验区毗邻我国东部海域，邻近日本、韩国，因而它的战略定位是通过加快新旧动能的接续转换、海洋经济的发展、中日韩区域的经济合作，加快对外开放新高地的建设进程。

江苏自贸试验区将深化产业结构调整，并在发展开放型经济、实体经济和产业转型方面率先开展试验。

广西自贸试验区与东盟国家距离较近，是丝绸之路经济带的通过之地，因而将继续探索沿边地区的开放策略，深化与东盟各国的合作进展，努力建设成为丝绸之路经济带有机衔接的重要门户。

河北自贸试验区邻近北京、天津两大直辖市，将围绕京津冀协同发展、雄安新区的建设和高新高端产业的发展建设新型工业化基地，打造国际商贸物流的重要交通枢纽。

云南自贸试验区将利用自己的地理位置优势，加强与越南、老挝、缅甸等国家的发展合作，进而连接南亚、东南亚国家，推动我国发展成为南亚、东南亚地区的辐射中心、开放前沿。

黑龙江自贸试验区地处我国东北端，毗邻俄罗斯、东北亚区域，将首先通过产业结构调整推动东北的全面振兴，同时提升沿边地区的开放水平，建立对俄罗斯和东北亚区域合作的中心枢纽。

第三节 中国自贸试验区的发展蓝图与战略思路

一、中国自贸试验区的发展蓝图

自 2013 年 9 月上海自贸试验区挂牌成立以来，中国政府已经相继设立了 6 批共 21 个自贸试验区。这 21 个自贸试验区有的起步早，有的起步晚，有的已经积累了丰富的发展经验，有的还在前进的道路上摸索着发展方向。但总的来说，这些自贸试验区的发展都离不开管理体制的改革和开放创新的探索，都不是独立发展的，它们相互学习、相互影响，共同构建着中国自贸试验区的美好未来。中国自贸试验区的未来发展规划，也可以称为中国自贸试验区建设发展的蓝图，主要包括以下几个方面的要点：

（一）形成全方位开放发展的新格局

中国的改革开放政策一直注重区域的协调发展、共同发展，自贸试验区的建设也不例外。从 2015 年四大自贸试验区沿海带状分布格局到 2017 年自贸试验区涵盖东部沿海地区、中西部内陆地区和东北地区的"雁形阵"布局，再到 2020 年北京、湖南、安徽加入自贸试验区大家庭，自贸试验区的数量增加到 21 个，形成了自贸试验区发展的"雁式矩阵"发展格局，兼顾沿海、内陆和沿边省份的经济发展，综合考虑到了区域间的平衡发展。未来，国务院还有极大的可能增设新的自贸试验区，使自贸试验区的布局更加合理和全面。

目前，这 21 个自贸试验区在开放发展的新格局中体现出以下建设规划的内容特点：

从试验功能来看，21 个自贸试验区都是国家改革开放政策的试验基地，都计划发展成制度创新的高地，而不是优惠政策的洼地。

从试验任务来看，21 个自贸试验区都计划完成四大领域的创新任务，即政府职能转变、贸易便利化建设、投资领域创新和相关金融领域改革创新。除此之外，各自贸试验区还计划完成独具地方特色的制度创新任务。

从实施的范围来看，大部分新自贸试验区都计划分出 120 平方千米左右甚至更多的面积实施开发建设。例如，上海自贸试验区在按部就班地扩大自贸试验区的试验范围，海南更是计划将整个岛屿都建成自贸试验区。

从改革创新的深度和广度来说，目前海南自贸试验区改革开放的力度最大、授权最灵活，且具有较为充分的改革自主权；海南自贸试验区结合自己的地理位置优势，计划在未来建设为具有多功能的自由贸易港。

（二）建成制度创新的高地

自贸试验区与其他传统类型的特殊功能区或园区不同，自成立之初，其就具有"制度创新高地"的定位，未来也会继续朝着"制度创新高地"的方向发展。《2019 年国务院政府工作报告》明确提出，要支持国家级经济开发区、高新区、新区开展自贸试验区相关改革试点，增强辐射带动作用，打造改革开放新高地。也就是说，自贸试验区具有的能提前开展制度创新的优势和自贸试验区通过改革开放获取的成果，不仅要给自贸试验区的企业、个人带来好的改变，还要借助不同的平台、载体在其他更多地区推广发展的思路、方法。

自贸试验区需要发挥自身改革开放政策试验田的作用，以投资自由化、贸易便利化、构建具有国际竞争力的产业体系为中心，开展制度创新探索与实践。同时，为贯彻落实党的十九大报告提出的"赋予自贸试验区更大改革自主权，探索建设自由贸易港"的要求，政府要积极开展海南自贸试验区建设，探索建设独具中国特色自由贸易港的道路。此外，要建设制度创新的高地，首先应明确制度创新的具体内容。制度创新的具体内容按类型分可为以下三类：

（1）良好营商环境的创新、便利通关手续的创新和内容复杂且难度系数较高的金融创新。

（2）流程性简化的单一型创新和系统性集成的综合型创新。

（3）地区改革需要的地方制度创新和国际一流标准的经济贸易规则制度创新。

（三）发展新片区特殊经济功能区

目前，中国自贸试验区内的新片区或称特殊经济功能区还比较少，只有一个上海临港新片区。新片区与普通自贸试验区的区别在于不再积极使用其他自贸试验区可复制、可推广的经验作用，而是选择参照经济特区的管理，在其他地区没有合适施行条件的重点区域，加大开放型经济风险压力的测试力度。

例如，上海临港新片区不再参照国内一般自贸试验区的制度经验，而是直接对标世界一流的、具有强竞争力的自贸试验区，借鉴它们的政治制度和经济政策，开展片区独特的、系统的制度创新，重塑片区的发展功能，进而发展成为具有国际竞争力的经济贸易发展平台。上海临港新片区提出了不同于一般综合保税区的特殊税收政策，即"对境外进入物理围网区域内的货物、物理围网区域内企业之间的货物贸易和服务实行特殊的税收政策"，特别将"服务"这一业务加入到实行特殊税收政策的行业之中，未来会创造出更大的发展空间。

（四）根据各自不同的战略定位进行特色发展

从 21 个自贸试验区的战略定位来看，各个自贸试验区的特色发展不同（未全部列举）：

上海自贸试验区依旧是各项改革创新任务的领头人，其最大的特色在于金融领域和投资领域的创新，将继续发挥其国际金融中心的引领作用。广东自贸试验区的战略定位于对接港澳业务、开展服务制度的创新以及改善企业的营商环境。

天津自贸试验区的优势定位于融资租赁等制度上的创新。

辽宁自贸试验区和黑龙江自贸试验区都处于中国的东北地区，其战略定位也有类似之处，即振兴东北老工业基地，改革国资企业。

浙江自贸试验区着重发展油品全产业链的投资和贸易便利化。

河南自贸试验区的战略定位于构建"一带一路"建设的现代交通枢纽，打造内陆开放型经济示范区。例如，河南自贸试验区已根据发展需求开通中欧班列，覆盖了境内 75% 的区域和境外多个国家，未来将继续促进中国和"一带一路"沿线国家的沟通贸易。

湖北自贸试验区的战略定位于对接中部崛起战略，依托武汉地区的产业基础和高等教育资源发展科技创新，先在武汉构建以互联网文化娱乐等服务业为特色的产业生态链，进而发展长江经济带的产业集群项目。

重庆自贸试验区的战略定位是通过建设国际物流通道推动"一带一路"建设和长江经济带的发展，同时打造西部地区开放发展的门户城市。

四川自贸试验区最核心的任务为"内陆开放"，战略定位于协同内陆与沿边沿江沿海地区的共同开放，即依托区域内的黄金水道，根据自身的区位条件，充分发挥土地资源承载力和劳动力资源的成本优势，在发展对外开放的同时不忘发展对内经济。

陕西自贸试验区的战略定位于发展与"一带一路"国家的经济贸易和文化交流，深入实施西部大开发战略。例如，省会西安市具有悠久的历史和丰富的文化资源，利用这些发展优势，西安联合"一带一路"沿线38个国家151所高校成立了"丝绸之路大学联盟"。

北京自贸试验区定位于建设国际一流的科技创新中心，大力发展数字经济、服务业，在京津冀协同发展的政策引导下，构建京津冀高水平对外开放的发展平台。

湖南自贸试验区定位于打造国际一流的先进制造业集群，对接长江经济带的发展战略，联合粤港澳大湾区发展国际投资贸易，发展与非洲国家地区的经济贸易，建设内陆地区的开放高地。

安徽自贸试验区定位于通过科技创新产业、先进制造业和战略性新兴产业集聚型发展，构建内陆地区的开放新高地。

二、中国自贸试验区发展的战略思路

（一）自贸试验区政策设计、建设任务与地区发展的功能定位相结合

自贸试验区，尤其是刚成立不久的自贸试验区，其政策设计、建设任务要注意与地区发展的功能定位相结合。自贸试验区的建设不单是"独自美丽"，而是"共同发展，共同进步"。自贸试验区想要进一步发展，就必须将建设目标与所在城市的发展定位紧密联系在一起，这样才能以当地经济为基础，实现为地方谋发展、为国家做试验的美好初衷。

以上海自贸试验区临港新片区的规划发展为例：上海一直以建设国际化的金融中心、经贸中心和航运中心及提升城市发展等级为城市发展目标，上海自贸试验区临港新片区的建设方案就应围绕国际金融中心的建设目标，加

大金融资本市场的开放力度，增加自由贸易账户的功能；围绕国际经贸中心、航运中心的建设目标，调整片区内的税收政策和监管模式；围绕提升城市发展等级的目标，加快发展服务业等第三产业，调动市场主体自主参与国际市场竞争。

（二）赋予自贸试验区更大的自主改革权力

体制机制会影响自贸试验区的开放水平和竞争优势。也就是说，体制机制的构建是否完善、合理对于自贸试验区的建设来讲是至关重要的。研究和完善与地区开放特点相匹配的开放型新机制，解决制约地区开放的体制问题，是构建开放型经济体制的时代要求，也是通过开放促进改革发展战略思路的体现。要想赋予自贸试验区更大的自主改革权力，就要先做好自贸试验区的体制机制改革。在具体的操作上，政府要通过人才选用和交流机制等的创新改革赋予自贸试验区管委会更多的权力，使他们从现在主要负责协调工作的工作人员身份转变为改革的主导者和管理者；通过制定容错纠错机制和相关激励政策，为自贸试验区工作人员提供制度保障，以此提高他们对制度创新的积极性和主动性，化解人员政策突破创新的后顾之忧。

（三）探索更深层次、更高标准的改革领域

自贸试验区如何探索更深层次、更高标准的改革领域的问题，就是自贸试验区将哪些领域设定为深层次、高标准的改革领域，又如何对这些领域进行改革、探索的问题。要解决这一问题，首先，自贸试验区要明确自己的功能定位和发展规划，并依靠顶层设计，统筹规划不同领域的试验任务，在任务完成之后展开评估和总结；其次，在人员招聘、补贴待遇、竞争政策等规则方面，要参照国际标准，设计新的制度，进行压力测试，这是为了应对自贸试验区21世纪新议题研究、对接和试验不足的问题。

自贸试验区现有的改革创新以传统的程序化创新和相关便利化创新为主，接下来要研究如何实现便利化向自由化的创新转变，尤其数字贸易、服务贸易、金融开放、事中事后监管制度应是创新转变的重点领域。

（四）发挥制度红利对产业升级的促进作用

从自贸试验区以往的发展经验来看，现行自贸试验区的产业政策还不够

突出。自贸试验区对企业的吸引主要在于程序便利、政策制度有利于产业的升级和集聚，但这种政策制度涉及的范围、深度还不够，无法源源不断地吸引企业入驻自贸试验区。因此，自贸试验区的建设应当以功能和产业需求为主导，取消约束新产业形态、新贸易方式发展的制度，逐渐形成促进投资贸易、加快产业升级的政策支持体系。

具体来说，自贸试验区的建设应根据当地经济发展的需求和企业发展的实际需要，以提升产业的能力为切入点，制定具有针对性的产业创新政策、税制改革政策，以增强企业的获得感；同时，应探索如何更好地开放诸如医疗健康、能源资源、电信服务等的敏感行业领域。

（五）提供常态化制度创新的路径和机制

自贸试验区建立常态化沟通机制和创新机制的目的是解决自贸试验区存在的两个主要问题：一是现有的一些政策无法落地，二是试验任务可落地但是企业没有相关需求。解决这两个问题的主要方法就是建立自下而上的沟通机制，建立常态化机制政策沟通小组，其成员如图3-3所示。

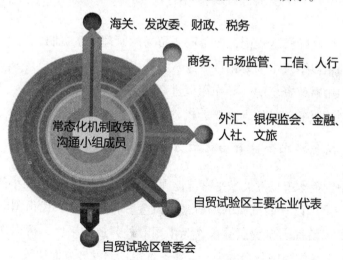

图3-3　常态化机制政策沟通小组成员

常态化机制政策沟通小组的主要任务就是定期了解企业的相关需要，将企业需要且要求合理的政策需求作为自贸试验区创新发展的重要方向，建立自下而上的政策沟通机制和创新机制。同时，国家相关部委要继续创建和完善自上而下的创新机制，即将自贸试验区的优秀经验进行复制和推广，为自贸试验区争取更多的改革权力。

（六）大力发展服务业的对外开放

中国海关总署的数据显示，中国的进出口总额 2021 年已达到了 6.05 万亿美元，对外贸易规模稳居世界首位。但中国的对外贸易只是规模较大，质量还有待进一步提高。这其中一个非常明显的特征就是中国的对外服务贸易发展较为落后，服务贸易占对外贸易总额百分比的世界平均水平是 20%，而中国的平均水平只有 15% 左右。

当前，全球经济一体化已进入新的发展阶段，新阶段的特征之一就是以服务贸易为重点，因此大力发展服务贸易是中国融入全球经济一体化进程、参与世界竞争的重要方法途径。中国自贸试验区的建设应该从以发展货物贸易为主转向重视发展服务贸易，加大服务业对外开放的力度。而要想加大服务业对外开放的力度，就要注意发展以下几个方面：

（1）政府部门赋予自贸试验区更多自主开放的权力，制定个性化的"负面清单"。

（2）参照国际标准规则，改革服务贸易的管理体系机制。

（3）利用数字技术大力拓展服务贸易的市场空间。

（4）利用财政资金的引导作用促进产业结构优化升级。

（5）创建服务贸易的人才培养机制，实现人才的定向培养。

（七）探索实现金融自由化的方法路径

基于中国资本市场发展水平有待提高、地区之间差异有待缩小的事实，中国需要有一个可以开展试验的场所来测试金融自由化、人民币国际化等资本发展方法的风险性。自贸试验区作为中国对外开放的平台，可以作为试验的场地。尤其上海作为国际金融中心，在资本市场的发展方面比较有经验，可以担任探索金融自由化的领路人，为其他自贸试验区推动金融自由化展开创新实践。上海自贸试验区可以从以下几方面研究探索实现金融自由化的路径：

（1）采取循序渐进、先易后难的发展原则。

（2）实现资本账户有管制的对外开放。

（3）汇率、利率的市场化改革与资本账户的开放协同推进。

（4）发展人民币的跨境结算功能。

（八）建立全面有效的风险管理体系

自贸试验区放开资本账户、利率实现市场化之后，如果境内自贸试验区之外存在利率和汇率的管制，即"一线放开、二线管住"，就会导致大规模的跨境资金流动，从而引发套利行为。自由贸易账户（FT账户）建立之后，自贸试验区的经常项目和一些投资项目带来的跨境资金流动更加便利，这就要求管理部门加强对资金流动的监管。就算央行（中国人民银行）出手管制"二线"的利率、汇率，也只是增加了跨境资金的套利成本，不能完全消除套利行为。在这种情况下，建立一套全面有效的风险管理体系是十分必要的。这个体系主要包括四个方面的内容，如图3-4所示。

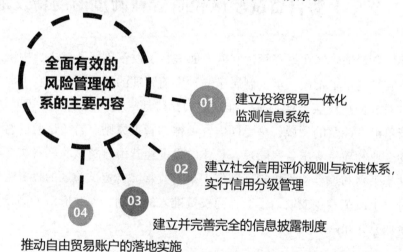

图3-4　全面有效的风险管理体系

第四章 上海自贸试验区的创新制度研究与实践

第一节 上海自贸试验区投资管理制度的创新发展

上海自贸试验区在投资管理制度方面进行了改革创新。过去，中国对外商投资实行的是审批制，审批制属于一种事前管理的制度；而现在上海自贸试验区对外商投资实行的则是"准入前国民待遇+负面清单"的管理制度，负面清单没有涉及的领域，享受同内资一样的管理原则。自贸试验区对外商投资的企业和项目实施备案管理，具体的投资经营由自贸试验区管委会通过信息共享平台和综合监管机制展开事中事后监管。自贸试验区的投资管理制度经过以上改革减少或取消了对外商投资准入的限制，使政府对外商投资的处理更加公开和透明。

一、外商投资准入前的国民待遇

实行"准入前国民待遇+负面清单"的管理制度是上海自贸试验区投资便利化的一个最主要的体现，体现了中国自贸试验区与国际经贸规则对接，力图创建国际化、法治化、便利化投资环境和营商环境的决心。在国际投资法中，国民待遇不是国际习惯法，而是一项以条约为基础的义务。事实上，一些投资条约并没有外商投资享受国民待遇标准的内容规定，东道主国家享有外资管制的自由，但大多数国际条约会有关于国民待遇条款的规定。

（一）高标准的投资准入规则

当今时代，高标准的投资准入规则是推动区域一体化和经济全球化发展的经济体制的重要组成部分。因为高水平、高标准的投资规则有助于实现投资的自由化，而投资的自由化正是加强成员国之间的经济联系、实现区域经济一体化的重要方法途径。这一点在一体化程度比较高的区域经济贸易合作组织制定的协议中体现得更加明显。在投资准入阶段提供国民待遇条件就属于高标准的投资准入规则。这一投资准入规则产生的具体原因就是近几年发展中国家希望通过外国资本的进入和本国资本的输出发展自己国家的经济、文化、外交等，从而与外国资本企业实现双赢。

（二）国民待遇的适用范围

根据国际投资法，外国的投资活动在投资机构建立后可划分为外资准入阶段和外资运营阶段。根据这两个阶段的不同，国民待遇的适用范围可相应分为两个类别，即外资准入阶段（或称准入前）的国民待遇和外资准入后的国民待遇（表4-1）。一般传统的投资体制采取的外资控制模式是没有准入前国民待遇的，这也是传统投资体制与当前开放投资体制最明显、最重要的区别。"准入前国民待遇＋负面清单"的外商投资管理模式是世界上外商投资规则发展的趋势，目前已经有70多个国家采用了这种模式。

表4-1 国民待遇标准分类和特征

国民待遇标准分类		特 征
外资准入前的国民待遇	有限的	东道国保留较大的自由裁量权
	全面的	适用法律上和事实上的国民待遇，除对国家经济至关重要的特定产业或幼稚产业予以例外保护外
外资准入后的国民待遇	有限的	选择肯定式清单：除非经东道国特别同意，其产业和活动在准入阶段不适用国民待遇原则，外国投资者在清单内可享有国民待遇
	全面的	选择负面清单：东道国保留对清单内的产业或措施制定不符国民待遇原则的权限

（三）准入前国民待遇的核心

按照国际投资法的规定，国民待遇是一项以条约为基础的义务，是给予外国投资者及投资的待遇不低于在相同或类似情形下给予东道国投资者及投资的待遇。准入前的国民待遇是将国民待遇延伸到投资发生和建立之前的阶段，其核心在于给予外资准入权。世界上各个国家和地区的外资引入协定在国民待遇的范围、适用方面的规定各不相同。准入后的国民待遇则适用于外资投资已经确立的阶段，主要涉及的内容包括外国投资企业在本国的运营条件。这种国民待遇在国内法的适用方面提供非歧视待遇，同时国内法会限制外国资本的进入，并在外资企业运营期间的监督管理和税收待遇上实行有差别的待遇。

二、负面清单管理

负面清单管理制度参考了国际上流行的外资准入规则，是一种更加积极主动的自我开放战略，也是上海自贸试验区实行外商投资准入前阶段国民待遇的重要措施。负面清单管理是发达国家和部分发展中国家广泛采用的外资准入模式，具体就是把对外商投资准入有一些特殊规定的行业列到一个清单上，十分明确地告知外商这部分行业是不对外开放或者开放有一定条件限制的。相反，那些没有被列入清单上的行业，可以享受投资准入前阶段的国民待遇。东道国用这个方法简化外资进入国内市场的管理。[①]

（一）负面清单的特点和形式

要做好负面清单的管理，首先要了解负面清单。负面清单与正面清单相比承担的义务标准更高，工作难度也更大，因为负面清单具有不同于正面清单的特点和表现形式。

1. 负面清单的特点

（1）开放的标准高。负面清单是国家与国家或国家与地区之间签订的有关投资自由化的协议规定，具有较高的开放标准。

（2）开放的力度大。开放的力度大是指签订协议的伙伴国要以发展的眼光为将来新兴产业的投资发展保留一定的可能性。

（3）列表形式最常见。大多数协议缔约国的负面清单分为措施列表和行业列表两类。

---

① 沈寒冰：《上海自贸试验区"负面清单"投资管理模式的现状及完善》，硕士学位论文，苏州大学政治与公共管理学院，2016，第1—5页。

2. 负面清单的表现形式

（1）东道主国家对外商投资准入的形式多样的负面清单。

（2）经济合作与发展组织的成员国做出的两个承诺，即对于外商投资的国民待遇承诺和政策透明度承诺。

（3）国家之间签订的自由贸易协定中的外商准入负面清单。

（二）负面清单版本持续更新

上海自贸试验区的负面清单版本自2013年自贸试验区挂牌成立以来，已经历了7次"瘦身"：2013年9月，第一版本的负面清单出台，共有190项特别管理措施；2014年第二版负面清单问世，特别管理措施缩减至139项；2015年的第三版负面清单是第一张全国自贸试验区都适用的负面清单，共包括122项特别管理措施；2017年第四版负面清单更是覆盖了全国11个自贸试验区，清单中特别管理措施的数目也首次降到100以下，只有95项；2018年第五版负面清单由国家发改委、商务部发布，此时负面清单上的内容已精简至45项，数量还不到第四版清单的一半；2019年政府进一步推出一批开放措施，使第六版负面清单的条目减至37项；2020年第七版负面清单又减少了7项内容，负面清单数量降至30项；进入2021年，最新一版的负面清单不仅实现了制造业的条目清零，还在放宽服务业方面进行了探索，此时清单上的项目只剩下27项，如图4-1所示。

图4-1　上海自贸试验区负面清单项目数量精简历程

（三）负面清单制度不断完善

上海自贸试验区自2013年成立以来已有9年的发展历史，八个版本的负面清单显示出自贸试验区开放力度的不断加大，这个过程不是一蹴而就的，而是循序渐进的、逐步发展的。在逐步开放的过程中，政府给部分相关行业安排了一定的过渡期，帮助其顺利、平稳地加入开放行业领域。负面清单项目不断调整的过程是负面清单制度不断完善的过程，这一点主要体现在以下三个方面：

（1）管理模式的首次探索。上海自贸试验区是国内第一个采用负面清单管理模式管理外商投资的区域，肩负着全国外资管理体制改革和探索进一步开放行业领域的重要责任。

（2）开放项目的逐步调整。负面清单开放产业项目的调整是一个动态发展、循序渐进的过程，是依托国际国内经济发展环境和条件做出的必要选择，这也证明了改革开放是一个不断完善的过程。

（3）负面清单的不断缩减。负面清单项目的不断缩减，是我国对外开放的方向要求，也是国家致力于发展高端制造业和服务贸易行业的一个重要表现。

总之，自贸试验区的负面清单制度在吸引外资、深化改革、发展区域经济方面发挥着不可替代的作用。我国通过不断完善管理外商投资准入的负面清单制度，提高了行业的开放度，进而促进更深层次、更广范围的改革和发展。当然，最主要的是这种制度将创建更透明、更公平的外商投资环境和营商环境，推动形成全面开放发展的新格局，将中国建设成为国际外商投资的主要目的地。

三、境外投资管理制度改革创新

上海自贸试验区对区内企业境外投资管理制度由原来的核准制改为了备案制，这也是国内对境外投资管理制度的第一次改革；上海自贸试验区还通过自由贸易账户促进了企业跨境融资活动的开展，使境外投融资活动的开展更加便利。

（一）企业境外投资管理制度

要想了解上海自贸试验区对区内企业境外投资管理制度的改革，就要先对原来的境外投资管理制度有所了解；要了解境外投资管理制度，就要先了解两个相关概念，即企业境外投资和境外投资项目。

企业境外投资可称为对外直接投资，是指投资主体通过新建、参股、购并等方式在境外获得既有的控制权、所有权和经营管理权等其他权益的行为。

境外投资项目是指企业等投资主体通过投入货币、有价证券、实物、知识产权或技术、股权、债权等资产、权益或者提供担保，获得境外所有权、经营管理权及其他相关权益的活动。

21世纪后国务院和各职能部门共制定了50多份规范性文件，构成了中国的对外投资制度，鼓励了企业的境外投资。这项制度主要包括以下五个方面的内容：

1. 基本框架

中国非金融类的境外投资管理制度的基本框架由三部分组成，即：前置报告、实体监管和事后监督。

2. 财政和金融支持

来自中央和地方的四个政策性机构为企业的境外投资提供财政和金融支持。想要进行境外投资的企业从中国出口信用保险公司获得投资保险服务、担保服务和各类咨询服务；从国家进出口银行获得信贷支持；从国家开发银行获得相关投资信息和投资贷款；从中央政府获得直接补助、贴息等资金支持，从地方政府获得地方财政的资金支持。

3. 税收支持

中国对境外直接投资的企业实行以下五种税收优惠措施：税收抵免、税收减免、税收饶让、关税优惠和所得税减免优惠。

4. 投资促进体系

从中央到地方的各个投资促进机构构成了对外投资的专门促进体系。这些机构的共同特点就是同时负责对外投资的管理和促进工作，如商务部投资促进事务局、中国国际贸易促进委员会等。主要的投资促进机构还建立了全国投资促进机构联席会议机制。

5. 提供信息服务

经过20多年的发展，我国的投资促进机构已经能为咨询对外投资业务的企业提供便利且全面的信息服务，它们还将自己的服务信息内容编纂成相关报告或指南以便企业浏览查询。同时，一些对外贸易的展会平台、中介组织、公共信息服务网站也向咨询者提供具体的投资信息和服务。

（二）自贸试验区助力境外投资的创新发展

在上海自贸试验区刚刚挂牌成立的时候，上海市政府就颁布并实行了对企业境外投资实行核准和备案管理的管理办法。市政府宣布对于敏感国家或地区、敏感行业的敏感类项目实行核准管理，管理机构为市发改委，同时由市发改委制定并发布敏感行业目录；而对于非敏感行业的非敏感项目则实行备案管理。

根据投资主体的企业类型和项目规模的不同，不同的部门机构对投资项目进行备案。例如，当投资主体是地方企业且中方投资的额度不足 3 亿美元时，要去投资主体注册地的省级发改委备案；当投资主体是中央管理企业或地方企业但中方投资金额超过 3 亿美元时，由国家发改委备案。

1. 境外投资项目举措

自贸试验区对区内企业境外投资项目的重要管理举措就是保留了项目前期的信息报告制度和地方重大境外投资项目的登记制度。例如，对于地方企业实施的中方投资额为 3000 万 ~3 亿美元的资源开发类、中方投资额为 1000 万 ~1 亿美元的非资源开发类，不仅要在管委会备案，还要报国家发改委登记。适用备案制管理的企业不用制作项目申请报告，只需提供境外投资备案表并提交相关材料，随后管委会会在 5 个工作日出具备案意见。

2. 境外投资企业举措

在对外投资业务方面，很多上海企业受益于国家的"一带一路"建设和自贸试验区建设，产生了走出国门参与国际竞争、开展国际贸易合作的想法，最重要的是它们也有这个能力。目前上海企业走出国门的已经涉及了将近 180 个国家和地区，并和"一带一路"沿线国家的经贸部门和重要节点城市建立了经贸合作伙伴关系。

自贸试验区内想要在境外投资发展产业的企业需要向自贸试验区管委会递交申请材料，管委会会在确认材料合格后的 5 个工作日内完成相关资料的备案并制发"企业境外投资证书"。随后企业凭借该证书办理外汇、商务、海关等相关手续。

除此之外，上海自贸试验区还出台了一系列提高跨境投资便利化的措施，概括为以下四个方面：

（1）私募股权投资基金允许通过自贸试验区平台到国外开设新的投资平台，寻找到满意的国外项目后再进行投资合作。

（2）自贸试验区内企业的对外直接投资可以先到外汇部门登记并支付前期的费用，资金的跨境收付也可以直接到银行办理。

（3）因非货币性资产对外投资等资产重组行为而产生的资产评估增值部分，可以在5年内分期缴纳所得税。

（4）国内企业在自贸试验区内开展境外股权投资和离岸业务，可以享受政府在税收方面的财政补贴。

3.境外投资服务体系

为了促进自贸试验区内的境外投资管理尽快与国际市场接轨，上海自贸试验区致力于打造境外投资的周期性服务体系，具体做法有以下三种：

（1）整合运用各类专业服务力量，建设境外投资的信息库、项目库、资金库，实现政府、中介机构和企业的及时连接与信息共享。例如，上海自贸试验区境外投资服务平台的上线，就为企业提供了境外投资备案、投资项目推荐、行业分析、投资地介绍等专项服务功能，为服务企业的境外投资业务发挥了重要作用。

（2）为企业的境外投资活动建立保障体系。自贸试验区对投资的重点行业和重点国别展开调查研究后，将调研的内容编写成评估报告，供企业查看，帮企业规避风险；对于企业在对外投资过程中可能遇到的争端冲突，设立相关争端调解机构，保障企业的合法权益。

（3）完善符合国际惯例、境外股权投资规则和离岸业务的税收优惠政策，打造更加完善的境外投资政策支持体系，提高企业竞争力。

4.自贸试验区制度优势的运用

运用上海自贸试验区的制度优势改革境外投资的体制机制，也是自贸试验区助力境外投资创新发展的一个重要表现。上海自贸试验区改革的境外投资管理制度具有以下三个方面的优势：

（1）放松了投资的管制。放松了投资的管制主要指放松了对境外投资项目和境外开办企业的管制。因为一直以来，国内企业想要开展对外投资活动存在审批部门众多、审核环节重复和审核标准不一致的问题，企业可能因此就丧失了对外投资的机会。针对这些问题，上海自贸试验区将审批制改为备案制，从此对外投资项目的设立不再需要经过复杂的审批程序，使企业的对外投资变得更加自主。

（2）放松了外汇的管制。中国现在的银行外汇审批流程和规定较为复杂，如按照规定，中国银行的境外分行不能向中国的境外企业发放贷款，这些规定非常不利于海外投资企业国际国内融资能力的发展。针对这一问题，上海自贸试验区根据深化外汇管理改革、服务实体经济的原则，大力简化了外汇管理的审批流程，体现了外汇管制的"简政放权"。

（3）促进资金跨境流动。上海自贸试验区创新金融制度，通过放宽资金跨境流动的限制，探索投融资汇兑便利，为企业提供降低海外投资风险的对冲方法等措施，进一步促进了资金的跨境流动，助力了境外投资的发展。

综上所述，上海自贸试验区已经通过境外投资管理制度的创新为自贸试验区内的企业打通了"走出去"的重要通道，下一步将继续围绕"一带一路"建设，将自贸试验区建设成为各种要素和各类企业"走出去"的重要平台。自贸试验区还将继续完善现有的对外投资合作管理体系，努力实现投资管理的便利化、国际化，同时推动政府放宽对"一带一路"沿线国家投资建设条件的要求，进一步探索并尝试突破以工程承包为主的经营资格管理体制；联合税务、工商、外汇管理等部门创建企业资金向外汇出的动态监测机制，实现纳税完税、诚信经营和预警机制的联动。

第二节　上海自贸试验区金融开放领域的创新发展

金融开放领域的创新发展是上海自贸试验区建设的重要一环。上海自贸试验区以金融风险可控为前提，以金融制度创新为核心，大力推进自贸试验区的金融开放，力求降低企业从事金融活动的成本，提高贸易便利化，进而吸引贸易主体和金融要素的集聚，带动实体经济的发展。上海自贸试验区采取了以下促进金融开放的创新方法策略。

一、制定风险防范的金融创新制度

国务院批准的《中国（上海）自由贸易试验区总体方案》（以下简称《总体方案》）认为，自贸试验区开展金融制度创新应主要从以下四个部分展开，分别是自由贸易账户体系、跨境人民币金融服务、跨境融资制度以及外汇管理制度（图4-2）。目前，上海自贸试验区跨境人民币金融服务创新已经取得了较好的成果，很多必要的人民币金融服务已经开始实行并按照《总体方案》"可复制、可推广"的试点要求在不同程度上推广到了国内的其他自贸试验区。这些跨境人民币金融服务包括人民币境外借款、跨境人民币双向资金池、跨境电子商务人民币结算、经常项下集中收付等。上海自贸试验区的外汇管理制度还在进一步探索和完善中，外汇管理制度创新的主要目标是将自贸试验区建设成世界上高标准的外汇管理改革试点单位，建立适合自贸试验区的外汇管理体制，最终目标是为贸易投资创造便利的生存环境。

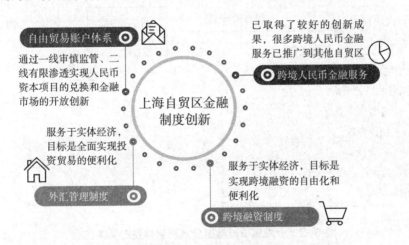

图4-2　上海自贸试验区金融制度创新的四个组成部分

除了跨境人民币金融服务创新与外汇管理制度创新之外，上海自贸试验区还创立了金融风险控制制度，这项制度由两个重要体系构成，分别是自由贸易账户体系和分账核算体系。自由贸易账户体系与分账核算体系密不可分，自由贸易账户体系的运行机制和基础是分账核算体系。自由贸易账户体系是自贸试验区金融制度创新的核心，其基本框架和运行机制已经形成一种能够实现境内外资金相互渗透的基本模式，这种模式的形成是通过金融机构和分账核算体系实现的。

分账核算的自由贸易账户体系在资金跨境流动的过程中充当着防火墙的角色，在金融市场化和金融开放的过程中有效防范资金跨境流动的风险（图4-3）。同时，以分账核算为基础的自由贸易账户体系的建立和运营，也为后续实现《中国人民银行关于金融支持中国（上海）自由贸易试验区建设的意见》（"央行30条"）中"探索投融资汇兑便利"项目和《进一步推进中国（上海）自由贸易试验区金融开放创新试点加快上海国际金融中心建设方案》（"金改40条"）中的"资本项目可兑换"以及自贸试验区金融领域进一步开放创新打下了基础。

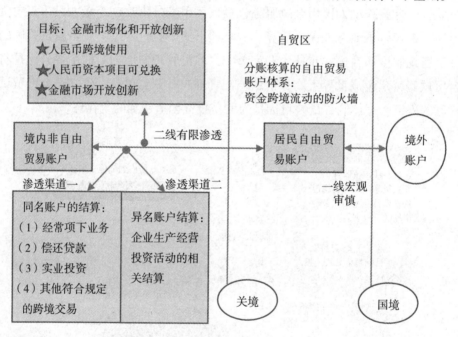

图4-3　上海自贸试验区分账核算体系的基本内容

除此之外，跨境融资制度的创新发展也是上海自贸试验区金融制度创新的重点关注内容。国务院在指导自贸试验区发展建设的《总体方案》中提到"促进跨境融资便利化"。要实现这一目标，自贸试验区可以依靠以下两种途径：一是鼓励自贸试验区企业充分利用境内和境外两种不同的资源和市场；二是持续加强对外债管理方式方法的改革创新。上海自贸试验区的跨境融资制度与境内区外以及国内其他一些自贸试验区的跨境融资制度相比具有优势。首先，上海自贸试验区的跨境融资制度的创新发展已经在一定程度上帮助了企业在境外融资方面经营得更加自由和便利；其次，上海自贸试验区的跨境融资制度设计与国内其他地区的制度创新相比更加体现了金融改革的市场化发展趋势。这主要体现在以下三个方面：

（1）境外融资额度。根据国际通行惯例和公平竞争原则，上海自贸试验区在境外融资额度的设计上重点让市场资本参与其中，并对内外资企业一视同仁。

（2）境外融资计算公式。在境外融资的计算公式中，上海自贸试验区特别加入了资本杠杆率和宏观审慎政策参数。这两项计算因素的加入起到了两个方面的作用：①方便银行参照全国的信贷规模展开灵活调整；②有利于货币政策对金融风险的预防与控制。

（3）可复制、可推广。上海自贸试验区的跨境融资制度创新以探索可运用于全国其他自贸试验区的政策制度为出发点，对全国范围内自贸试验区的金融制度创新有借鉴意义。

二、创建更加开放的金融市场体系

加快发展脚步，建设更加开放的、面向国际的金融市场是"金改40条"提出的改革内容。为了尽快完成这一改革任务，上海市众多金融机构部门共同出台了《关于促进面向国际的金融市场平台建设的意见》，进一步明确了建设更加开放的、面向国际的金融市场平台的具体任务和加快金融市场平台发展的激励政策。上海自贸试验区响应"金改40条"和《关于促进面向国际的金融市场平台建设的意见》的号召，积极进行金融市场体系的建设，具体的创新措施有以下几点：

（一）建立新型的金融市场

上海自贸试验区为创建更加开放的金融市场体系，致力于建立新型的金融市场，为企业和个人开展金融交易提供良好的平台。新型金融市场的组成机构包括上海保险交易所、中国信托登记公司、上海国际能源交易中心、上海票据交易所和中国债券估值中心等。①

---

① 刘建鹏：《上海自贸试验区金融开放及其影响研究》，硕士学位论文，天津财经大学经济学院，2015，第1—10页。

（二）创建新面貌的市场体系

上海自贸试验区致力于呈现全新面貌的金融市场体系，在新的金融市场体系中，不同金融机构互相合作，互利共赢。例如，中欧国际交易所由来自境内外的三个著名交易所（这三个交易所就是中国金融期货交易所、上海证券交易所和德意志交易所）合资成立，中国金融期货交易所联合中央国债登记结算公司设立了国债期货的市场交割机制并实现了期货、现货市场的互联互通，中国外汇交易中心和香港交易及结算所有限公司在中国香港联合成立了债券通有限公司，提供"债券通"中的相关交易服务。

（三）建设新功能的基础设施系统

上海自贸试验区通过建设新功能的基础设施系统，完善金融市场的体系建设。这些基础设施都是可以进行投资交易的金融机构，能够为自贸试验区内的投资者以及国际上的投资者提供交易服务。例如，中国外汇交易中心的国际金融资产交易平台提供债券交易、同业存单和利率衍生品等业务；中央结算公司创建了属于自己的债券业务系统，时刻为自贸试验区的投资者服务；上海黄金交易所为投资者推出了国际板交易服务；上海清算所则推出了大宗商品的现货清算业务；上海保险交易所创建了保险综合服务平台，其发展目标是"立足上海、面向全国、辐射全球"。

通过施行以上措施，上海自贸试验区的金融市场开放策略取得了初步成效，主要体现在债券市场方面、大宗商品清算方面和黄金市场方面。

在债券市场方面，2016 年，金砖国家新开发银行成功发行了价值 30 亿元人民币的绿色金融债券；世界银行发行了特别提款权债券，其突出特点就是以人民币作为结算的币种；同年 9 月，自贸试验区推出了债券柜台业务。

在大宗商品清算方面，从 2015 年开始，上海清算所陆续在自贸试验区推行了三种新的清算业务，分别是以跨境人民币计价、清算、结算的铜溢价掉期中央对手清算业务、乙二醇进口掉期中央对手清算业务和大宗商品现货清算业务。

在黄金市场方面，自贸试验区的黄金国际板启动了"黄金沪港通"项目，上海作为黄金定价中心的影响力从自贸试验区扩展到世界各地。同时，自贸试验区推出了"上海金"黄金集中定价业务和有价资产冲抵保证金业务。

三、建立监管合作的有效协调机制

为了更好地促进金融开放，上海自贸试验区建立了监管合作的有效协调机制。该机制以风险可控为底线和前提，目的是防范可能出现的系统性金融风险，避免其影响自贸试验区金融领域开放创新的脚步和进程。监管合作有效协调机制的主要内容有以下三点：

（一）"三反"制度

自贸试验区防控金融风险的主要手段就是严格执行"三反"制度。"三反"制度依托自由贸易账户系统建立，是一个以"反洗钱、反恐怖融资、反逃税"为主要内容的监测分析和管理体系。上海自贸试验区在牢守底线的基础上，参照国际同行制定的规则和做法，制定了相应的"三反"制度，其核心包括但不限于创新业务洗钱风险评估、拒绝客户机制、跨境业务审查和名单监控机制。

中国人民银行上海总部成立了跨境资金流动的实时监测室，依靠这一实时监测室，建立了"三反"资金监测系统和可疑交易报告机制。"三反"资金监测系统直接对接海关、税务等部门的实时信息，运用这些数据信息，监测室对涉及洗钱的高风险行业及产品、不正常的跨境交易行为等可疑举动进行重点监测，达到有效拦截高风险主体非法交易行为的目的，同时积极配合中央政府大力开展反腐败工作，做好打击腐败犯罪分子跨境洗钱的准备。

（二）信息共享

为加强自贸试验区的信息共享，自贸试验区管委会应投入时间和精力构建"三位一体"的金融风险监测与管理系统，即自由贸易账户监测管理信息系统、房地产金融宏观审慎管理系统和金融综合监管监测分析系统。

自由贸易账户监测管理信息系统建立的重点是开发系统的实时监测功能。实时监测的对象一是自贸试验区内金融开放创新的进行动态，二是上海地区企业的跨境金融活动。该系统在对上海地区的跨境金融活动进行实时监测的时候，要一笔一笔、逐个企业、全天候地进行检测。

建设房地产金融宏观审慎管理系统的初衷是监督房地产行业的金融活动。房地产行业金融活动的信贷总额占到上海信贷总量的 30% 以上，是非常庞大的，因此相关的金融活动需要全方位地监测和管理。这个系统的建立和应用主要由中国人民银行上海总部负责。

金融综合监管监测分析系统应是跨行业、跨市场的主要用于监督和管理上海各个市场、行业的日常金融业务活动。这个系统的建立目前主要由中国人民银行上海总部、上海市政府相关部门以及上海市金融监管部门负责。

（三）金融综合监管

自贸试验区开展金融综合监管的主要目的是提升自身预防和控制可能发生的金融风险的能力。为了更好地实施金融综合监管，上海自贸试验区特别成立了金融工作协调推进小组，制定了综合监管的联席会议制度。

随后，上海自贸试验区在不断地探索与试验中制定了开展金融综合监管的新型方案。该方案具有以下特点：

（1）方案实施的目标涵盖全部金融市场。

（2）方案实施的基础是金融信息的相互连通与分享。

（3）方案实施的平台为综合监管联席会。

（4）方案实施的保障为各部门的监管合作。

（5）方案实施的补充内容是金融界的自我治理和互相监督。

此外，上海自贸试验区还通过创新发展事中事后监管制度，增强跨部门之间的协同合作能力，从而提高对更复杂的金融活动的监督能力，如跨行业、跨市场，甚至跨国家的行业金融活动。

事实证明，上海自贸试验区的金融体系和跨境资金流动在自贸试验区不断开展金融开放创新活动的背景下通过了国际金融市场变动造成的考验，目前一直保持着稳步发展的基调，已具备比较成熟的风险抵御能力，有利于自贸试验区的金融领域在未来的发展道路上继续开放创新，服务实体经济。

四、增强"一带一路"金融服务功能

资金融通是"一带一路"提倡和讨论的重要内容。推动上海国际金融中心与"一带一路"沿线国家和地区金融市场的深度合作、互联互通是《全面深化中国（上海）自由贸易试验区改革开放方案》的重要内容。目前，上海自贸试验区为将上海打造为"一带一路"的投融资中心，一直在坚持发展"一带一路"的金融服务功能。

以 2018 年"一带一路"沿线国家金融服务功能的发展情况为例：在2018 年上半年，阿联酋、菲律宾、新加坡等"一带一路"沿线国家和地区总共发行人民币债券 44.6 亿元，占同期银行间债券市场"熊猫债"发行量的10% 以上。上海自贸试验区还研究成立了交易所"一带一路"债券试点，目的是吸引沿线国际组织、主权机构和相关企业到上海发行"熊猫债"。

中国银联作为中国的金融基础设施也支持并参与了"一带一路"的倡议活动，通过开展境外发卡活动、介绍中国本地的业务，大力推广银联创新支付方式，达到了在其他国家宣传中国的支付标准、支付技术和支付系统的目的。截至 2019 年 4 月，中国银联已在"一带一路"沿线超过 100 个国家和地区开通了银联业务，覆盖了超过 1200 万户商家，累计发行超过 4300 万张银联卡，设立了 80 万台自助取款机，较倡议提出之前分别增长了 8 倍、25倍和 3 倍。同时，30 多个国家和地区可以享受银联的移动支付服务。

上海自贸试验区金融创新四大内容之一的自由贸易账户也参与了"一带一路"的建设过程。上海市金融服务办公室曾在《关于推动拓展自由贸易账户适用范围的通知》（以下简称《拓展通知》）中指出，凡是参与建设"一带一路"项目的在国际贸易结算和融资方面有需求的上海市内的实体企业都可以创建自己的自由贸易账户，并享受自贸试验区金融创新的优惠政策。

五、形成可复制的金融开放创新成果

上海自贸试验区作为全国金融开放创新的试验田，不负众望地在开放创新的过程中形成了许多可复制、可推广的金融开放创新的成果，其中包括自贸试验区的广大金融机构探索创造的十分典型的金融创新案例。截至 2020年 7 月，上海自贸试验区已发布总共 10 批 130 个金融创新的案例。在最新的一批金融创新案例发布会上发布的 20 个金融创新案例重点关注了以下五个方面的创新实践：金融开放、金融市场、金融服务、金融环境和跨境金融业务；选取了率先落实以下工作方面的新项目和新举措：大力提升上海市金融市场的国际化水平、增强上海金融服务能级、应对新冠肺炎疫情和支持复工复产复市以及优化金融发展软环境。

此外，上海自贸试验区的自由贸易账户主体资格也被应用在自贸试验区以外的科创企业和海外部门用以招揽人才。基于此项创新实践，上海市金融服务办公室发布了《拓展通知》。《拓展通知》提出，为有效开展自贸试验区金融创新制度的复制推广工作、进一步促进实体经济的发展，拟将自由贸易账户的适用范围拓展至本市更多符合条件的企业和市场主体，如图4-4所示。

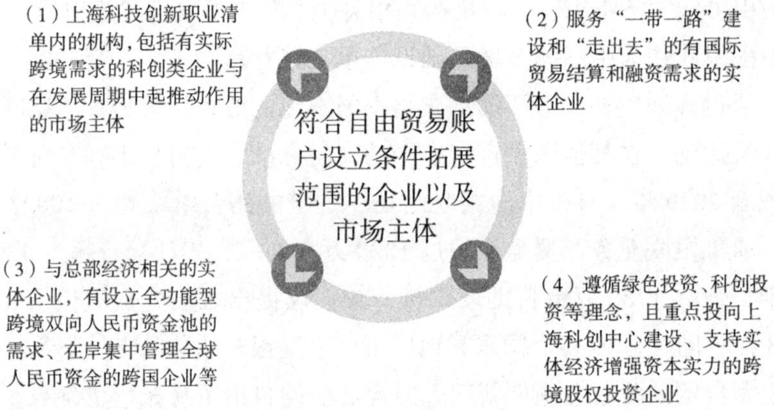

（1）上海科技创新职业清单内的机构，包括有实际跨境需求的科创类企业与在发展周期中起推动作用的市场主体

（2）服务"一带一路"建设和"走出去"的有国际贸易结算和融资需求的实体企业

符合自由贸易账户设立条件拓展范围的企业以及市场主体

（3）与总部经济相关的实体企业，有设立全功能型跨境双向人民币资金池的需求、在岸集中管理全球人民币资金的跨国企业等

（4）遵循绿色投资、科创投资等理念，且重点投向上海科创中心建设、支持实体经济增强资本实力的跨境股权投资企业

图4-4　符合自由贸易账户设立条件拓展范围的企业以及市场主体

第三节　上海自贸试验区优秀人才制度的创新发展

在建设上海自贸试验区的过程中，优秀人才的培养和储备是实现自贸试验区建设目标与功能的重要前提。上海自贸试验区的主要建设目标是通过先行先试、开放创新，较早地建立起法治化、国际化的跨境投资和贸易规则体系，用两到三年的时间进行制度和方法的改革试验，将上海自贸试验区打造为世界一流的自贸试验区。从功能定位来看，上海自贸试验区肩负着全国自贸试验区全面深化改革和开拓创新的重要任务，发挥着积极的示范作用，通过推进投资管理体制改革和金融领域的改革创新，持续推动贸易的升级转型，创建一流的、国际化的营商环境。要想实现以上建设目标，发挥上海自贸试验区的带头示范作用，就需要大量优秀人才的保障和支持。

一、上海自贸试验区优秀人才制度创新发展的背景

（一）优秀人才制度是自贸试验区的重要竞争力

随着时代的发展与进步，全球经济一体化趋势逐渐增强，世界各国、各地区都在通过建设自贸试验区来发展本国的经济，参与国际竞争。各个国家和地区在吸引外资、争夺货物资源的同时，也十分注重对优秀人才的培养和吸引。事实证明，优质的人才一直是稀缺资源，世界各国、各地区都在为吸引优质的人才而进行制度的建设和环境的打造，对优秀人才展开激烈竞争的背后是各国、各地区人才制度的对战、博弈。要想获得优秀的人才，国家或地区必须考虑内外形势的发展变化，在此基础上建设符合人才成长规律、能推动人才良性发展的制度，并由此形成人才优势。从发展的整个格局来看，自贸试验区地处国际竞争的前沿阵地，如果缺少具有国际竞争力的人才制度的创新，就很难在竞争中取得优势，还会影响自贸试验区发展的进程。[①]

符合自贸试验区建设发展需求的优秀人才制度的创新发展应基于市场化、国际化、法治化的要求。具有国际竞争优势的优秀人才制度应具备以下两点基本特征：

（1）高标准国际制度的共性特征。此项特征既具有全球发展视野，能突出公正、平等的人才价值，激发人才创新创业的活力，促进人才全面发展等方面的普遍特征，又符合世界各地的人才齐聚在此共同发展、互相成就的基本需求。

（2）具有中国特色优势的个性特征。这一在世界上都具有竞争力的人才制度必定是其他国家没有的、能凸显中国制度优势的特色制度。这种制度实施的理想状态是使世界各地的人才能用最低的成本，高效率地得到自身的最佳配置，最大程度地发挥自己的优势和价值，并因此获得最合理的收入。

（三）优秀人才制度创新的机遇

上海自贸试验区优秀人才制度创新面临的机遇有三类：国际化发展的机

① 中共中央组织部人才工作局：《深化人才发展体制机制改革：地方实践》，党建读物出版社，2017，第34—37页。

遇、市场化发展的机遇和要素集聚的机遇。其中，国际化发展的机遇包括全球经济发展的机遇、全球城市发展的机遇、国际化发展为国内人才发展提供的机遇。

1. 国际化发展的机遇

自贸试验区的设立与发展是中国改革开放历史上的第二次对外开放。这一次的对外开放比第一次的改革开放范围更广、层次更深。利用城市独特的地理位置优势和投资、税收等优惠政策，上海自贸试验区吸引了跨国公司和地区总部的集聚。而国际化发展的机遇更是影响着自贸试验区优秀人才制度的创新。

（1）全球经济发展的机遇。一方面，当今世界，各国之间多极化格局发展明显，美国主宰的单极世界和老牌列强、日益崛起的政治经济大国开展了经济结构的转型升级以及从国家行为体向非国家行为体的力量扩散。另一方面，全球聚集的财富和经济发展的力量正在逐渐向发展中国家靠拢，中国等新兴国家经济极大地影响着全球经济的发展。据有关研究预测，到2060年，中国和印度的经济总量将经历数倍的增长，最后超过经济合作与发展组织成员国的经济之和。

（2）全球城市发展的机遇。2008年的全球经济危机给原本经济发达的一些城市造成了很大的冲击和影响，这些城市的节点功能下滑，全球城市网络重新展开战略调整，主要表现为：

①上海在全球城市中的排名不断上升。

②上海确立了在全球城市中的发展目标和建设定位。

③伴随着现代化国际都市的建设，上海创造了吸引国际人才的机遇。

（3）国际化发展为国内人才发展提供的机遇。上海对国际化、现代化都市的建设，为国内人才的发展提供了机遇，主要表现为：

①自贸试验区跨国公司的集聚缩短了国内人才与世界发达国家、先进技术的制度距离和空间距离，为人才提供了国际化的学习机会和发展平台，有利于人才提高自己参与国际化工作的能力。

②自贸试验区国际化发展的趋势有利于聚集亚太地区乃至世界各国的各类优秀人才，国内人才通过与众多国际化人才的交流沟通和不断学习有利于提高自己的竞争力，发展自己的职业道路。

③自贸试验区可以为国内人才提供媲美海外的工作机会和工作环境，能在一定程度上缓解优秀人才流失海外的状况。

2. 市场化发展的机遇

自贸试验区通过制定各种相关政策、制度保障企业经营的便利化和自由化的举措，充分激活企业的创新能力、创造活力，进而提高企业的经营效益；通过放松政府管制、打破市场垄断的手段，充分发挥"制度红利""看不见的手"的积极作用，努力创造一个公平竞争的市场环境，让真正有技术、有能力的市场主体有更多的发展机会和更好的发展空间。灵活的市场机制和良好的市场氛围能为人才的发展带来大量的机遇，主要体现在以下三个方面：

首先，只有灵活有效的市场机制才能更好地配置人才资源，让优秀的人才获得优质的就业机会和发展平台，这样才能进一步提高人才配置的效率，促进优秀人才的开发和利用，激发人才的创造力和工作能力。

其次，自由灵活、公平竞争的市场环境能为创业者提供更多、更好的生存和成长空间。

最后，充分的市场化能消除要素市场之间的阻碍，促进人才资源与信息、技术等要素市场之间的融合与贯通，进而有力地推动人才的创新、创业。

3. 要素集聚的机遇

自贸试验区建立的目的就是吸引世界范围内高端的要素，如资本、信息、技术等。当前，自贸试验区的建立已经吸引了很多高端要素的集聚，也为这些要素的流动提供了良好的平台。伴随着自贸试验区对金融开放的不断创新，自贸试验区能够在更高的层次吸引来自境外的直接投资。事实上，境外投资的内容不限于常见的资本要素，而是信息、技术、管理、知识、品牌等多种要素的结合。要素的集聚和流动对于人才的发展帮助较大，主要体现在以下三个方面：

（1）境外的直接投资能在短期内增加各种要素的有效供给，进而满足对不同要素有不同需求的企业及人才的发展要求，避免因为供给不足导致的价格问题，从而降低企业的融资成本和人才的发展成本。此外，充裕的外资、先进的技术和足够的信息有助于解决创新创业型人才贷款融资难、信息技术落后的问题，帮助他们顺利开展创新创业。

（2）境外高端要素的流入具有激活国内原有要素、提升企业对要素的配置能力的作用；人才作为高端要素所发挥的价值在高水平科技、管理要素与原有要素融合之后能更好地体现出来，而人才价值的充分发挥能够有效提高企业的边际生产效率，进而帮助企业创造新的财富。

（3）来自世界各地的要素在自贸试验区的大量集聚和充分流动，为各类高端、优质要素的组合发展奠定了基础、创造了条件。

二、上海自贸试验区优秀人才制度创新发展的思路

（一）优秀人才制度创新发展的战略定位

从可持续发展的角度来看，自贸试验区人才制度创新发展应定位为：在顺应经济全球化发展趋势和人才国际流动规律的基础之上，依靠自贸试验区建设提供的广阔平台和发展机遇，继续推进人才的大量集聚和自由流动；创新设置具有世界一流水平和国际影响力的人才培养模式、人才管理制度；构建并优化适合人才生活、生产、就业、创业的人才发展环境，让人才感受到积极发展的氛围和卓越的制度优势。具体分析，上海自贸试验区优秀人才制度创新发展的战略定位包括以下两方面的内容：

（1）将自贸试验区建设成为全世界优质人才的枢纽。要完成这一战略定位自贸试验区需要采取以下两方面的具体措施：一方面自贸试验区要为人才的自由流动创造条件，打开通路。把掌握先进理念、技术、信息等稀缺要素的人才集聚在自贸试验区之后，自贸试验区应充分激发他们的潜能，发挥他们的优势。事实证明，人才的集聚能为城市和区域的发展提供新的动力，促进城市产业结构转型升级，并能帮助提升人才整体的素质，提高城市的国际竞争力；另一方面，自贸试验区应充分利用全球网络的集聚优势，促使优秀人才在自贸试验区工作而培养国际思维，开阔自身的视野，提升了自身的价值。

（2）将自贸试验区建设成为优秀人才制度和优秀人才管理模式创新的重要试验基地。上海自贸试验区具有很多吸引国内国际各种人才的优势，如科教基础优势、社会文化氛围优势和基础设施建设优势等，但上海在人才制度和人才管理模式的创新上还有不少不足之处，如人才的出入境制度，自由流动制

度，税款缴纳制度，薪资福利待遇，知识产权保障，创业激励政策、制度等；在人才管理模式上，没有充分发挥市场主体、企业主体和社会中介机构的积极作用。因此，构建符合自贸试验区的建设发展目标，顺应人才成长的规律，制定具有国际竞争力的人才制度和人才管理模式，是自贸试验区建设需要重视的问题。

（二）优秀人才制度创新发展的主要任务

上海自贸试验区优秀人才制度创新发展的主要任务可以归纳为以下四个方面：

（1）依靠自身基础和优势，关注重点人才，增强竞争优势。上海自贸试验区应依据自身的集聚优势、网络优势和交通优势，学习世界一流城市的建设经验，制定更加开放的人才引进政策，开发人才、引进人才、配置人才。

（2）开阔视野，开放发展，加入全球人才网络。上海自贸试验区应进一步推进人才的引进，推动人们开放眼界、开放思想，学习新知识、新技术。

（3）提供良好的、具有竞争力的发展机会，创建充满活力与动力的、和谐幸福的发展环境。上海自贸试验区应营造适合创新创业的发展氛围，信任人才，放心使用人才，让各类人才充分发挥自己的聪明才智，为企业创造更多的效益。

（4）建设在国际上有影响力和竞争力的人才制度，构建现代化的人才治理体系。上海自贸试验区应发挥高校、科研机构、企业等用人单位的主体作用，引进并留住外来人才，对做出突出贡献或创造较高效益的外国人才给予及时的精神奖励和物质奖励。

三、上海自贸试验区优秀人才制度创新发展的策略

上海自贸试验区管委会要抓住发展的契机，构建具有国际竞争力的优秀人才制度，制定更加开放的优秀人才政策，引进人才不受国家、地域的限制，采用各种方法培养人才，学习如何使用人才，帮助每个人才找到适合自己发展的岗位，为实现构建世界级人才枢纽的建设目标提供制度创新的策略保障。上海自贸试验区优秀人才制度创新发展的策略可分为以下几种。

（一）开展优秀人才培养制度创新

上海自贸试验区要开展优秀人才培养制度的创新，首先，要加强与政府、产业部门、高校、人才培训机构等主体的合作，共同制定未来城市人才的培养方向和发展路线；其次，要与产业部门、人社部门与教育部门根据不同产业发展的需求，设定人才培养的标准和大致框架，然后根据标准和框架参与课程的开发和利用，参与教学科研活动，了解教学一线需要解决的问题，加大人才培养的合作力度；最后，要加强高校的创新创业教育，不断提高在校生的科学研究水平，培育在校生的科研精神和创业精神，为高校毕业生开展创新创业活动提供健全的融资机制和风险防控机制。

（二）开展优秀人才流动制度创新

世界各地发展较为成熟的自贸试验区，其所在区域或国家都实行较为便利的免签、落地签政策。因为随着时代的发展、社会的进步和政策的变化，自贸试验区的各类产业、专业会相继开放，届时一定会出现相关产业、专业领域外来人才经常性进出自贸试验区短期或者长期居留工作的情况。上海自贸试验区要依据自然人流动的相关制度模式，对优秀人才的出入给予一定程度上的便利，放宽对其出入境的管制，让国际优秀人才的进出成本进一步降低。要实现这一目标，上海自贸试验区可采用以下四种方法或途径：

（1）相关部门要研究并制定优秀人才的认定方法和细分标准，建立国际优质人才的评价体系。围绕自贸试验区及国际一流城市的发展需求，上海自贸试验区要充分发挥市场的主体作用，研究并制定认定国际优质人才的方法和人才的分类，形成择选优秀人才的标准；与相关产业、行业的工会、协会以及国际组织合作，建立重点产业、行业领域的优秀人才评价体系。

（2）要进一步完善人才绿卡、人才签证制度。在人才绿卡制度的建设上，上海自贸试验区要争取和申请国家层面的支持，降低申办绿卡的标准、放宽申请的门槛、简化申请的流程、缩短申请的时间，保障绿卡持有人的各项合法权益，尤其是在就业、保险、医疗和教育等方面的权益。

在办理人才签证的工作中，相关部门对于不同的签证类别应明确划分不同的待遇，例如给予世界500强企业的高层领导或高级主管在中国的永久居留权甚至加入中国籍的优厚待遇；应对人才类签证如何过渡为永久居留证设立相应的标准，提供相应的办法；还应积极探索吸引国际优质人才来上海发展创业的签证制度，即增加"创业签证"类别，能获得此类签证的人才是拥有先进技术要素、可以开展额度较小的投资业务并能为当地人创造就业机会的外国人。

（3）探索建立自贸试验区的"通行卡"。自贸试验区应探索实践外来优秀人才的出入审核备案制度，给予商务人才核发三年期的出入境许可；应对外来人才的居住和就业放松管制、放宽条件，尤其是放宽重点产业相关技术人才在任职资格、学历要求、工作经验等方面的条件限制。

（4）保障人才的人身安全。自贸试验区应加强对优秀人才的人身风险监控和紧急事件处理的能力，能够较好地处理优秀人才的医疗卫生事件、经济安全事件、利益纠纷事件、意外伤亡事件及其他可能危害人才安全的突发事件。

（三）开展优秀人才配置制度创新

上海自贸试验区应加大优秀人才配置制度的创新力度，从更高层次、更宽范围、更公平自由的竞争市场的角度，加快发展人力资源行业的市场化和国际化。

首先，充分发挥人才市场的配置作用。上海自贸试验区要改变以往评价模式中专家评审起决定性作用的状况，将企业的需要和人才在行业内的薪资水平、福利待遇作为人才评价的依据和引进人才的标准；在市场机制的建设上，要参照国际标准，建立相应的供需、价格和竞争机制；在创新人才、科技、资本等资源的配置、融合方面，要坚持发挥市场机制最基础、最根本的作用。

其次，大力发展人力资源服务行业。上海自贸试验区要在人力资源服务机构的注册登记方面，积极改革商事制度，允许企业先进行工商登记开始营业，随后加强事中事后监管；支持本土人力资源服务企业的发展，培育具有国际竞争力的龙头人力资源企业，通过提高经营水平、创新管理制度打造具有国际影响力的人力资源服务品牌，从而为人才和用人单位打造专业化、个性化和多样化的精品服务；通过选定特定区域，进行空间布局，创建能够提供国际高端服务的人力资源服务集聚区，搭建由政府、市场、社会三方构成的国际化优秀人才引进平台。

最后，根据自身的建设目标和发展规划，建立专门的人力资源服务平台。上海自贸试验区应对接正在建设的企业平台，获得企业需要的人才信息，搭建项目信息库和人才数据库，让企业与人才之间的联系变得更加直接、便捷。

（四）开展优质人才使用制度创新

上海自贸试验区要加大优秀人才使用环节的制度创新。使用优秀人才的前提是了解人才，确保人才具有相应的专业水平和专业能力。这就涉及对优秀人才的专业资格互认问题。自贸试验区要加快对人才专业资格互认的进程。首先，上海自贸试验区要放宽对高精尖领域和人才紧缺行业的外籍人才的雇佣限制，加大对境外职业资格的互认力度，放宽教育、金融、科技、物流、建筑等行业对境外服务人才的执业限制；其次，要争取国家对工程、工程咨询、会计、税务、设计等专业领域具有境外执业资格的专业人才的就业支持，鼓励这部分专业人才在通过境内专业考试后获得境内执业资格；最后，为国内人才获得国际专业资质提供平台，主要方法有两个：一是引进国际资质认证机构和国际上承认的考试机构，二是为拥有国际职业资格的专业人才提供实现资格互认的途径。

自贸试验区还要为优秀专业人才创造潜心研究的环境。首先，要建立体现人才能力的、符合国际惯例的人才管理机制和人才评价体系；其次，要充分发挥企业潜力，创建有助于员工开展专业研究的科学环境，为优秀人才提供足够的科研基金支持和世界通用的科研设备；最后要重视掌握创新科研成果、独具创新创业理念的优秀人才，鼓励他们抓住自贸试验区市场环境自由、生产要素齐全的发展机遇，开展创新创业活动，带动社会经济的发展。

自贸试验区也要引进境外优秀专业人才参与公共部门的工作，如在全球范围内招聘科研院校、医疗卫生、文化艺术等事业单位、公共部门的从业人员，特别是部分管理岗位的人员；积极探索聘请境外专家学者在公共部门、政府部门任职的形式和途径；建设境外智库，聘请不同行业的专业人员对国际化都市建设等重大问题提出专业性的意见和建议。

（五）开展优秀人才激励保障制度创新

上海自贸试验区要加大对优秀人才激励和保障方面的制度创新。首先，自贸试验区要制定税收激励方面的相关制度，开展有利于引进人才和人才发展的税收政策研究，适当地向上级管理部门争取实施；在企业所得税的征收设置上，要根据符合国际规定的产业目录和优惠目录，对于符合目录条件的企业征收所得税时，采用15%的税率；在对境外优秀人才，尤其是上海市建设紧缺的高端人才征收个人所得税时，按照境外与内地个人所得税的税负差额给予适当数额的补贴，补贴部分不征收个人所得税。其次，自贸试验区更在收入分配方式上进行创新。例如，在制定薪酬制度和分配方法时，可以施行按照技术、管理、知识等生产要素的贡献参与分配的方法；探索和试验优秀人才以人力资本作价出资、入股的方式方法，并实施相应的商事登记制度改革；完善能体现人才价值的分配制度和激励制度；探索社保转移的方法和额度，加快与其他国家和地区创建社会保障互认机制的进程。

第四节　上海自贸试验区事中事后监管制度的创新发展

一、上海自贸试验区事中事后监管制度创新的现状分析

（一）上海自贸试验区事中事后监管制度的现状

上海自贸试验区事中事后监管制度的管理对象是企业的各种市场行为活动，主要目标是更好地规范、管理这些市场行为活动，通过抑制市场主体的机会主义行为，对一些违规行为采取惩罚措施，用新的符合时代发展需求的制度代替原来过时的\应该淘汰的制度，最终建成世界一流标准的现代化、国际化市场体系。事中事后监管制度是自贸试验区成功运行的制度保障之一，也是自贸试验区政府职能转变的核心内容之一，制度采取的"宽松准入、严格监管"的治理模式也是自贸试验区最重要的制度成果。

当前，上海自贸试验区确立了以六项基础性制度为框架的事中事后监管制度。六项基础性制度分别是社会信用体系、社会力量参与市场监督、信息

共享和综合执法、安全审查、企业年度报告公示和经营异常名录、反垄断审查制度。[①] 在以上六项基础性制度建立的前提下，自贸试验区的事中事后监管体系形成了"四位一体"（政府主导、行业自律、企业自控和社会参与）的监管格局（图4-5），此种监管格局具有高效、便捷、透明等优点。

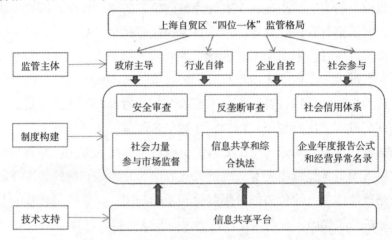

图4-5　上海自贸试验区事中事后"四位一体"监管格局

（二）上海自贸试验区事中事后监管制度存在的问题

上海自贸试验区事中事后监管制度虽然建立了"四位一体"的监管格局，但仍存在一些需要解决的问题，这些问题主要有以下几个方面：

（1）事中事后监管体系的协调性、完整性还需提升。各监管机构之间还存在同一事项多头管理的情况，在"四位一体"的监管格局中，市场、企业和社会三方的职责分类还未明确，尤其社会组织力量的作用还没有很好地体现。

（2）对新兴业态的监管设计还需进一步探索。自贸试验区的新兴技术和新兴业态对事中事后监管制度的水平提出了更高的要求。自贸试验区现阶段对新业态的监管存在监控方式、监管方式和机制设计等方面的管理问题，如何通过加强监督者与被监督者之间的互动和沟通，创新完善的"弹性应对"机制和责任安排到位的部门协同机制，是管理部门应该思考的问题。

[①] 应勇：《上海市政府工作报告——2018年1月23日在上海市第十五届人民代表大会第一次会议上》，中国共产党新闻网，中国经济网，http://district.ce.cn/newarea/roll/201801/31/t20180131_27986402.shtml，访问日期：2022年6月15日。

（3）监管平台的功能还未完全发挥。自贸试验区监管平台的建设还未完善，制约着监管平台功能的有效发挥。例如，平台监管数据开发不足，信息不能完全、及时共享等问题导致部门的日常监管流程更加复杂，日常监管工作的质量和效率有待提升。

（4）运用新兴技术改革监管手段还需进一步提高。伴随着简政放权政策的深入开展，政府部门现有的监管意识和监管技术还不能很好地应对监管范围扩大、监管对象增加和监管情况复杂带来的管理挑战，尤其对于云计算、区块链、大数据、物联网等新兴技术的掌握和运用水平还需进一步提高。

（5）安全审查机制有待完善。一是自贸试验区外商投资的安全审查对象需仔细分类，二是外商投资安全审查标准的原则性规定需进一步调整，三是不同投资行业的审查标准过于一致，四是安全审查机构的职责不够细化，五是审查程序缺乏预约商谈机制等柔性设计。

二、上海自贸试验区事中事后监管制度的进一步创新发展

由于以上问题的存在，上海自贸试验区的事中事后监管制度需要进一步创新改革，事中事后的监管体系需要继续完善。关于如何进一步开展监管制度的创新和体系的完善，我们可以从以下几个方面考虑。

（一）政府职能要转变，创新监管机制

上海自贸试验区要依靠政府职能的转变创新改革监管机制。首先，自贸试验区要进一步明确政府有哪些监管职能。这一点可以通过创建政府各管理部门的权力清单和责任清单制度来实现。例如，自贸试验区具有跨界融合等显著特点的新兴产业目前存在监管主体不明确的问题，要解决这一问题，可以先明确指定市场监管部门为"首管"部门，负主要的监管责任，等新兴产业的相关制度、法规逐渐成熟之后，再确定后续的监管部门，由后续的监管部门继续承担监管职责，履行监管义务。其次，要增强政府各部门的行政管理协同效应，加强各部门之间的合作。自贸试验区要实现这一目标，就要建立所有相关监管部门参与的协同监管机制，把监管部门分为主导部门和配合部门，明确不同部门之间的具体责任和分工，对要共同负责的事项或项目进

行统一梳理，细化监管的各个程序，落实具体的承办机构。同时，自贸试验区要实现各个部门、平台之间的信息共享，结束部门系统、各类平台间信息不同步的状态，对各个信息化平台的功能和数据进行整合，加强平台之间的联系与合作，减少一线工作人员重复的信息收集和录入工作，提高整体的监管效率。

（二）法规细则是保障，推动监管落实

上海自贸试验区要加快进行事中事后监管体系的制度化和法治化建设。虽然事中事后监管的整体架构已经搭建完毕，但只有架构没有合理的机制、规范和实施细则的填充也是不行的。自贸试验区需要把目光聚焦在重点行业、领域和市场，制定市场主体行为规范、自律实施细则，鼓励市场主体自我管理、自我监督、遵纪守法、依法运营；鼓励公众、媒体、第三方专业机构等社会群体共同监督、管理实施细则；出台针对地方监管领域的地方性法规，为市场主体提供明确的行为管理规定，让市场主体清楚合法行为和违法行为的区别；加强对监管者的工作监督，建立监管责任制度和责任追究制度。

（三）市场机制作突破点，增强监管能力

上海自贸试验区要把市场机制作为工作的突破点，增强政府部门的监管能力，具体的操作方法如下：

（1）强化市场主体责任，明确规定法人的责任制，推动企业加强自律自治，对自身的所有经营活动负责。

（2）鼓励企业加强自律自治的同时，发挥行业协会和商会对企业依法发展、规范发展的监督作用，开展政府管理部门和行业协会的合作互动。

（3）发挥平台企业、商业保险、创投企业等第三方机构对市场机制的延伸和传导功能，帮助政府解决在监管过程中容易出现的缺位监管、越位监管等问题。例如，政府通过购买服务开展信息评级和第三方评估，进一步推进采信第三方的检验检测认证结果。

（4）发挥公众和媒体舆论的监督作用，依据有奖举报制度，借助公众和媒体等舆论平台的优势，对群众举报投诉的问题、新闻媒体报道的问题认真调查核实，一经核实无误，对举报人进行表彰奖励，并为举报人保密；对核实无误、确实存在的违法经营活动，第一时间依照相关法律法规制度进行处理，并向社会公布最终处理结果。

（四）新兴技术作支撑，提升监管效率

上海自贸试验区要充分发挥"制度＋科技"的支撑作用，重点加强事中事后监管的信息化和科技化建设，实现传统行政监管方式的动态转化，使监管工作更加科学、精准和高效。具体能够运用的新兴技术包括云计算、大数据、物联网和射频识别等多种技术。而要实现事中事后监管制度的信息化发展，就要积极运用互联网、新媒体等，建设监管部门与企业之间的网络化、信息化沟通渠道，便于监管部门向企业提供一些企业须知的相关法律法规、税款缴纳等专业信息，也便于企业及时获取最新的信息和服务。自贸试验区继续推进综合监管平台、公共信用信息服务平台和网上政务大厅三大基础设施建设，确保数据的可靠性、稳定性和权威性，提高企业"一站式"网上办事的效率。

（五）完善社会信用体系，加强监管互认与合作

上海自贸试验区要进一步完善社会信用体系的建设。首先，自贸试验区要推动政府监管部门和第三方平台的监管合作，构建政府与第三方平台的双向信息流动，形成开放透明的对企业的共同监督格局，发挥市场和社会的监督管理作用，扩大信用约束的范围。其次，自贸试验区要通过信用监管机制督促企业开展自律经营，通过推动企业主动在网络第三方平台公示自身的相关信用信息，为消费者提供理性选择，同时便于群众、团体的实施监督，倒逼监管部门进一步增强责任意识，提高监管效率。最后，自贸试验区要在信用监管的基础上，通过信用监管的结果对企业进行等级分类，参照国外发展成熟的企业信用评级系统，完善企业的信用档案，建立公共信用风险评价模型，对监管结果和市场评价都很好的企业实行较为宽松的"远距离监管"，激发诚信企业的积极性；对于检查有问题且评价较差的企业加大监管力度，把企业的违法失信行为公之于众，使其无处遁形。

自贸试验区还要通过加强国际和地区间的监管互认与合作，完善事中事

后监管体系：一是要联通世界，对接国际通用规则，适当采用在国际上运作成熟的通行惯例，承认国际其他监管机构的检查监测报告；二是运营并完善"监管互认机制"，在相关行业领域采用国际监管标准并提前开展由此可能带来风险的评估工作。

（六）加强风险监测前导机制，提高事中事后监管的有效性

加强风险监测、预警和防范等前导机制建设，是提高事中事后监管有效性的重要方式。上海自贸试验区要通过信息技术平台对事中事后监督过程中发现的各类风险展开判断、进行识别，并根据经营活动的风险程度进行分类监督和管理，对于容易产生风险的重点产业领域一定要建立风险监测评估、风险预警跟踪和风险防范的联动机制，加强对可能发生违法违规的行为进行监督，并进行及时预警，以防止重大事故的发生。

（七）充分发挥防火墙功能，确保国家安全和经济安全

上海自贸试验区要充分发挥外商投资安全审查机制的防火墙功能。

（1）对外国投资者进行概念界定。自贸试验区要细化审查对象，为"重要农产品""重大装备制造"等较为关键的术语制定判断依据或标准；区分外国投资者的类型为政府投资者或非政府投资者，重点关注外国政府投资者的投资项目，在审查外国投资者时应着重审查投资中不是商业性的政治战略意图，保证我国的国家安全和经济安全。

（2）细化安全审查的标准。除了规定的原则性审查标准，自贸试验区还要列举审查外商投资安全时的考量因素，为不同的投资领域和不同规模的投资行为设置不同的安全审查标准，对于达到一定规模的投资，纳入强制安全审查范围；对于投资规模较小且不属于政府投资的项目，由投资者自己决定是否要提交安全审查。

（3）完善安全审查的机构。自贸试验区要将联席会议制度过渡为常设的外资安全审查委员会，统一负责外国投资审查的制度建设，对重大外商投资项目开展安全审查。国家安全局、司法局、发改委、财政局等部门是审查委员会的组成部门；要明确安全审查工作机制的具体规则，如在什么情况下由哪些管理部门通过哪种管理方式参与审查评估。

（4）建立安全审查的柔性机制。自贸试验区要开设事前咨询程序，被咨询部门对自己所提供的咨询意见不用承担法律上的责任，只供投资方参考；开设救济性程序服务，对审查决定不服的企业提供行政复议或行政诉讼的机会。

（5）建立外商投资后的监督机制。相关管理部门对外商投资后的行为活动展开跟踪、监测、实施和报告，以保证外商的投资活动符合国家安全和公众利益的要求。同时外商投资审查机构每年向国家相关部门提交年度工作报告，主要报告这一年提交审查申请、完成审查活动的具体情况。

第五章　湖北自贸试验区的创新制度研究与实践

第一节　湖北自贸试验区投资管理制度的创新发展

2017 年 4 月 1 日，湖北自贸试验区正式挂牌。根据国务院印发的《中国（湖北）自由贸易试验区总体方案》的要求，湖北自贸试验区要"对外商投资实行准入前国民待遇加负面清单管理制度，着力构建与负面清单管理方式相适应的事中事后监管制度……提高开放度和透明度……探索优化投资准入后的管理流程，提升投资便利化水平"。湖北自贸试验区的建设，本质上是通过制度的创新释放制度的红利和开放的红利，营造有利于市场主体发展的营商环境，为经济发展的制度动能提供可复制、可推广的经验。

一、湖北自贸试验区投资管理制度改革的意义

党的十九大明确要"推动形成全面开放新格局"，在对外开放中，吸引外资是非常重要的。一方面，高新技术产业和战略性新兴产业代表新一轮科技革命和产业变革的方向，是培育发展新动能、获取未来竞争新优势的关键领域，也是我国经济结构转型升级、实现可持续发展的关键。另一方面，目前我国沿海发达地区由于地价上涨、劳动力成本上升等因素，对外资的吸引力下降，沿海发达地区外资纷纷撤资前往其他低成本的发展中国家和我国中

西部地区。积极有序地承接沿海发达地区的产业转移不仅有利于加速中西部地区新型工业化和城镇化进程，促进区域协调发展，而且有利于推动东部沿海地区经济转型升级，在全国范围内优化产业分工格局。湖北自贸试验区要成为中部有序承接产业转移示范区、战略性新兴产业和高技术产业集聚区、全面改革开放试验田和内陆对外开放新高地，必须改革现有投资管理体制，实现投资的便利化和自由化。

要保持湖北自贸试验区对国内外企业、投资者的持久吸引力，就必须与国际高标准的投资贸易规则对标，形成投资便利化机制，营造国际化、法治化、便利化的投资环境。因而，投资便利化是湖北自贸试验区体制机制创新试验的核心内容之一，通过投资便利化实现投资自由化，必然会形成自贸试验区内的开放新格局。同时，将湖北自贸试验区投资便利化的成功经验复制推广至湖北全省，必然会全面提高全省的开放水平，加快高新技术产业和战略新兴产业的集聚，有序承接产业转移，促进经济结构转型升级，在中部地区和长江经济带发挥示范和引领作用。

对标国际高标准的国际投资规则要以营商环境的优化为核心，系统地进行体制机制的建设与改革；要以压缩市场主体办理时间、降低准入门槛、提高政策透明度为重点，通过简政放权、优化流程、提高效能、协同配合，帮助市场主体大幅度降低投资环节的制度性交易成本。

二、投资便利化的内涵

长期以来，贸易便利化和投资便利化被放在一起考虑。贸易便利化的对象是贸易流，达到促进货物贸易和服务贸易在各国自由流动的目的。投资便利化的对象是资金流，目的是吸引外国投资。

国际投资自由化是大势所趋，投资自由化更关注市场准入和投资待遇问题，如实现国民待遇、公平公正待遇等，其含义更为广泛，实质是使投资者获得更为自由的发展空间。

投资便利化则通过各国政府调整烦琐、不透明的外资管理体制，进行以便利化为目的的配套措施调整，为国际投资提供最大可能的便利，寻求各国利益的均衡点，使国家间的利益达到相对均衡状态。投资便利化在内容上更为具体和细化，包括投资审批行政效率的提高、减少或消除腐败、建立投资信息平台和技术支持平台、提供融资和资金结算的便利等多方面的内容。投资便利化的最终目的是实现真正意义的投资自由化，两者相互推动。

投资便利化可定义为，政府通过制度安排消除企业在投资过程中的障碍，吸引外国投资，并在整个投资周期中达到最有效管理和最高效率。

投资便利化的实现主要是通过政府制定有利于资本合理流动的政策、法律、措施，调整体制结构，完善运行机制，转变对投资管理的职能与方式而达到的。投资便利化的本质是简化并有效协调投资者所遇到的各种程序、法律法规，减少投资者所遇到的投资壁垒，为国际直接投资活动创造一种协调、透明和可预见的环境，使资本流动成本最低化。

湖北自贸试验区投资便利化改革和创新的内涵，是通过制度创新破除投资过程中的体制机制障碍，探索建立法治运行规范、监管透明高效、辐射带动效应明显、高端产业聚集的投资便利化综合改革创新区。投资便利化是进一步对外开放的重要标志，湖北自贸试验区提出投资便利化的措施并将其实施，就说明湖北的对外开放水平得到了进一步的提高。

三、推进湖北自贸试验区投资便利化的对策和措施

（一）为推进投资便利化提供法律保障

根据国际经验，自贸试验区的规划一般是法律先行。湖北自贸试验区要站在国家发展战略的高度，通过地方立法，建立与自贸试验区投资便利化建设要求相适应的管理制度；综合已有法规、政策与制度，修订、完善覆盖全区域的有利于促进投资便利化的法治体系；用法律和制度保障投资利益和便利化带来的贸易收益；对有利于促进投资便利化的制度创新，应及时规范化、法治化，使之常态化。

（二）推进负面清单改革

1. 积极推行市场准入负面清单

目前，湖北自贸试验区实行的是外商投资负面清单，这是在市场准入负面清单的基础上（其列出的是内外资都被禁止或限制的领域）针对境外投资

者的例外管理措施，同时积极推行内资投资市场准入负面清单。在两张负面清单并行的格局下，无论是外商还是内资投资都将变得更为清晰、明确，尤其对外商投资负面清单的实施会更加便利。

2.逐步形成负面清单体系

我国负面清单管理的目标模式应是"基准清单＋国别（地区）清单"，形成完整的负面清单体系。因此，在完善基准清单的同时，我国要加快推进双边、多边贸易和投资协定的谈判、签订工作，形成良性互动。

在 2017 版的负面清单中，限制性措施条数远高于禁止性措施，给了有关部门较大的解释空间。因而，有关部门要进一步删除界定不明确的措施，规范限制性措施，对外商投资的限制措施，如股比限制、经营范围限制、投资者资质限制等逐一列明，提高负面清单的透明度。

（三）完善湖北自贸试验区税收体系

鉴于与部分国家和地区的自贸试验区的差距，湖北自贸试验区可以通过有吸引力的税收政策，完善税收法律制度，营造低交易成本的投资环境来吸引跨国（地区）投资。

（1）采取从轻的税收优惠政策，具体包括以下三方面内容：①试行有限或者单一的税收管辖权。湖北自贸试验区可先行先试个人所得税有限的或者单一的税收管辖权，以招揽更多人才。②适度扩大企业所得税优惠。针对金融业，湖北自贸试验区可以考虑对股息和利息进行税前扣除，对于电子商务企业的技术研发、创新等费用可以在一定比例内进行税前扣除，还可以考虑给予非居民企业一些额外的抵免优惠，尤其是从事创新型业务的外国企业。③探索建立湖北自贸试验区与我国其他自贸试验区以及"一带一路"沿线国家之间的税收互惠制度。

（2）提高税收效率，建立"以自行申报为主体、以税务代理为辅助、以税务稽查为保障"的新型征管模式。

（3）实施促进投资、产业发展和人才集聚的税收激励政策，并按照国家规定进行税收政策试点。

（4）充分利用避免双重税收协定等国际协定创造投资便利化的税法路径。

（四）建立健全投资便利化机制

湖北自贸试验区可以建立一个具有实体功能的专门机构，如投资便利化指导委员会，全面负责落实投资便利化的实施工作，并对投资便利化各项具体措施进行督促、指导和协调；建立政府和企业投资政策对话制度，充分发挥行业商会的力量，借助中国国际经济贸易仲裁委员会湖北分会设立专门的投资仲裁机构，加快投资便利化进程。

（五）完善投资便利化的各项微观细节

1. 进一步提高政府行政透明度

根据行政透明度要求，湖北自贸试验区要通过不同渠道，公布外资政策和投资所涉及的法律、法规和部门规章等，如设立相应的咨询点，以便外国投资者获得关于湖北投资法律规章和措施的具体信息。政策条例的表述应当尽量明确化。

2. 行政审批标准化建设

相关部门可以通过编制行政审批办事指南和业务手册，规范和简化流程，依托信息化管理平台，建设、启用企业投资跨部门综合审批信息平台，实现一个项目一个代码，作为整个项目建设周期唯一身份标识；通过加快理顺内部运行机制，突破法律法规障碍，减少、合并审批事项，公开审批过程与制度，提高审批效率。

3. 建立符合国际规则的信息公开透明机制

湖北自贸试验区可以通过自身或通过民间团体建立专门的海外投资信息服务机构及网站、组织考察团、发行出版物等方式，专业而系统地向海外投资者介绍并提供有关投资机会的信息；与企业共同搭建投资信息交流平台，建立持续稳定的信息交流机制，增强企业对湖北投资的信心；为潜在外商直接投资主体提供详尽的投资实地考察服务，并公布年度投资指南，以便外商投资主体做出最终投资决策。

4. 推行市场准入负面清单，明确监管事项和监管权限

湖北自贸试验区可以建立外商投资信息报告制度和外商投资信息公示制度，形成政府部门间信息共享、协同监管，社会公众参与监督的外商投资全程监管体系。

（六）优化推进重点领域的投资便利化措施

湖北自贸试验区可以对投资便利化的重点领域进行深入研究，选择优先推进这些重点领域的投资便利化措施，在国际商贸、金融服务、现代物流、电子商务、检验检测、研发设计、信息服务、专业服务等现代服务业和新一代信息技术、生命健康、智能制造、新能源汽车、生物医药、海工装备、航空航天、轨道交通装备等高端产业逐步减少或者取消对国内外投资的准入限制，通过扩大开放促进先进制造业、服务业等高端产业集聚发展，形成与自贸试验区相适应的高端产业、特色产业，推动产业向价值链高端发展。

（七）实行绩效管理倒逼机制

湖北自贸试验区可以将投资便利化各事项办理情况的全过程纳入绩效考核范围，并实行"超时默认""缺席默认"制度。相关职能部门缺席联合审查、超期不反馈或超期未会签的，视为默认同意。因"超时默认""缺席默认"而引发法律责任倒查的，以及多次"超时默认""缺席默认"的，湖北自贸试验区应对相关责任人进行行政处罚。

（八）促进人员流动的便利化程度提高

为加强从事商务活动的人员在区内的流动，湖北自贸试验区可以简化从事商务活动的人员在中国申请签证、延期和临时居留的手续；推行允许商务人员在湖北自贸试验区内多次进入的商务签证政策，或者为从事商务活动的人员发放专门的允许多次入境的商务旅行卡。

（九）建设投资便利化的配套硬件

（1）加快自贸试验区公交、地铁等城市公共交通和公路、铁路、港口等基础设施的建设，缩短自贸试验区与周边城市的距离，连通主要交通枢纽，提高人员和货物来往的交通便利性。

（2）推进综合性智慧城市建设工程，开发核心技术，通过网络技术和环境综合管理规划建设工程，为湖北自贸试验区城市智能管理提供硬件支持。

（3）在持续促进发展能源等基础设施的同时，扩建教育、文化、休闲基础设施。

（十）全面评估投资便利化成效

世界银行营商环境中的便利化指标以企业为导向，包括开办企业、办理施工许可、执行合同、办理破产等多项投资便利化一级指标。其关于投资环境改善的微观导向、便利化视角是湖北自贸试验区对投资便利化进行评估时可参考和借鉴的方向。湖北自贸试验区可建立自己的量化评估机构，及时有效地对投资便利化行动计划的实施情况进行评估，依据有助于实质性地提升投资便利化程度的评估结果对实际行动加以调整，保证方向的正确性和进展速度。

第二节　湖北自贸试验区贸易管理制度的创新发展

2017 年 4 月，中国（湖北）自贸试验区和其他六个内陆自贸试验区一起正式挂牌设立，成为我国第三批自贸试验区团队的一员，湖北进入开放转型的新阶段。

国际贸易的总量是衡量一个国家或地区对外开放程度的核心指标，而国家或地区贸易便利化程度则是影响国际贸易流量的关键因素。根据世界贸易组织测算，如果由其倡导的《贸易便利化协定》（TFA）能全面有效实施，将使发达国家国际贸易成本降低 10%，使发展中国家贸易成本降低 13%~15.5%；最高可使发展中国家出口每年增长 9.9%，使发达国家出口每年增长 4.5%；带动全球 GDP 增长 9600 亿美元，增加 2100 万个就业岗位。

欧美一些国家和地区的先进自贸试验区和上海自贸试验区建设的经验显示，贸易便利化水平的提升可以显著改善自贸试验区的营商环境，为自贸试验区的发展吸纳优质的资本和引入价值链高端的企业。湖北地处内陆腹地，外向经济一直发展滞后，2018 年外贸依存度为 8.86%，远低于全国平均水平 33.7%，在第三批自贸试验区省份中排名末位。聚焦湖北自贸试验区贸易便利化，优化货物跨境流通环境，快速提升湖北国际贸易进出口总量，是加快湖北自贸试验区建设的首要路径。

一、贸易便利化的内涵与国际准则解析

贸易便利化一词最初是作为贸易保护和贸易壁垒的对立面提出来的，迄今为止，已有多个国际组织从不同的角度对它的内涵进行了阐释。1998 年，世界贸易组织提出，贸易便利化是国际贸易程序的简化与协调，包括收集、提交、通报和处理国际贸易中的商品流动需要的数据时所涉及的活动惯例与程序；经济合作与发展组织认为，贸易便利化是指国际货物从卖方流动到买方并向另一方支付所需要的程序及相关信息流动的简化和标准化；亚太经济合作组织则把这一概念表述为使用新技术和其他措施，简化和协调与贸易有关的程序和行政障碍，降低成本、推动货物和服务更好地流动；联合国欧洲经济委员会认为，贸易便利化是指以全面的和一体化的方法减少贸易交易过程的复杂性和成本，在国际可接受的规范、标准及最优模式的基础上，保证所有贸易活动在有效、透明和可预见的方式下进行。

以上这些对贸易便利化的界定可以分为狭义和广义两类：狭义的界定主要是从海关的视角来阐述贸易便利化的内涵，其内容主要是海关制度及规则的透明度、海关程序的简化与税费减免以及货物自由过境的制度安排；广义的界定则相对比较宽泛，不仅包括海关程序、运输与过境问题，还包括信息交互、银行与保险服务以及商业实践等诸多方面。

尽管各个组织对贸易便利化没有形成统一的概念，但通过分析可以发现，究其实质每个组织都对贸易便利化基本内涵的界定无一例外地都指向"简化"这个词，这也正是贸易便利化的精髓。在贸易便利化的目标上，所有国际组织的认识基本一致，即降低交易成本，减少贸易摩擦，消除技术性和机制性障碍，使国际贸易最大限度地发展，实现全球经济的自由和开放。贸易便利化的实质，是"一国小市场"放大为"全球大市场"后的涉外贸易政策安排。由于国别之间贸易政策的差异，贸易便利化有对内安排和对外安排两种路径：对内，主要是简化程序、协调法规、统一标准、改善设施、运用新技术等；对外，主要是多边合作、双向开放、执法互认等。

目前，国际上开放程度最高的贸易便利化规则是世界贸易组织倡导并且已于 2017 年 4 月正式生效的《贸易便利化协定》，它旨在为世界贸易组织成员的货物进出口提供更加便利的通关手续和更透明的信息披露制度。《贸易

便利化协定》中的条款详细约定了海关预裁定、国际贸易单一窗口、海关监管程序透明化、电子申报通关等内容，着眼于建立促进贸易便利化的通关新机制。

虽然《贸易便利化协定》的主要关注点是通过"单一窗口"等措施简化海关及口岸通关程序，强调在边境上加快包括过境货物的所有货物流动、清关和放行，关注减少边境上的贸易成本。但是，贸易是经济体发展的自然延伸，贸易便利化不仅在边境口岸上应当便利，还应当做到边境口岸后的便利。在考察一个国家或者地区的贸易便利化水平时，只有综合考虑边境上和边境后两种便利水平，才能最大限度地提高该区域的经济发展水平。

因此，本研究的视角选择更为广义的贸易便利化的内涵，期望从政府职能的转变、企业进出口业务流程的重构、政企合作模式的创新、国际多式联运效率的提升等更广泛层面探究湖北自贸试验区贸易便利化的发展路径，从而实现显著改进湖北贸易便利化水平的目标。

二、国内外自贸试验区贸易便利化比较研究与经验借鉴

（一）国外自贸试验区贸易便利化比较与评价

1. 美国

美国为促进贸易便利化，制定了直通放行快速通关制度，该制度对某些国家担保的货物直接经海关签发通关单，免于抽样、审查等相关手续。在2001年，美国启动了自动化商业环境（Automated Commercial Environment，ACE）系统，该系统将多个与跨境相关的政府组织整合成一个"单一窗口"，并通过国际贸易数据系统（International Trade Data System，ITDS）将多个政府机构统一到 ACE 平台上，使其能为贸易商提供"一站式服务"，便于贸易商与政府的合作。这种模式的特点是用一个单独的系统收集整合信息，并向其他相关监管机构分发电子数据，不同的监管机构将各自处理的结果反馈回系统，其机构分散、多头监管、系统单一的特点，保证被监管者很难影响诸多监管者的决策，保障了透明、廉洁与公正。为了推进贸易便利化进程，美国还创新海关与商界之间的关系，将传统的管理与被管理的关系逐步

建设成伙伴合作关系：一方面，海关与外贸企业建立广泛的联系和沟通；另一方面，在技术上，海关与通关企业在电子信息沟通方面加强合作，交流共享。早在 20 世纪 90 年代美国便开始实施《海关现代化法案》，提出转变海关职能，即由监督管理向服务与合作模式转变。2006 年，美国正式实施"海关—商贸反恐联盟"计划，该计划强调了海关与商界之间的合作关系，通过共同签署协议规范贸易行为，同时为贸易商出口提供便利，呈现出海关与商界的双便利化特征，这种合作方式缩短了通关时间，提高了通关效率，值得借鉴。

2. 欧盟

欧盟为提升通关效率，降低贸易壁垒，也对相关法律法规进行了相当大的调整，早在 20 世纪 90 年代末欧盟便制定了《海关方案》以推动多边贸易便利化合作，于 2007 年开始实施"统一清关"制度、"电子海关系统制度"，并对贸易商颁发了"进口入境许可书"。2014 年，欧盟又推出了《海关侵权与制裁统一法律框架》，为各成员国形成统一的法律体系奠定了坚实的基础。欧盟按照"单一窗口"的规定，并与各部门合作，共同建立了统一的海关信息平台，一次性实现跨境贸易的申报、受理、查验等流程，并依据"一站式平台"使其他相关部门可以同时进行检查，贸易商不必多次提交相关资料，为跨境贸易商提供了极大的便利。欧盟也同样重视政府与商界之间的合作以规范贸易流程，降低交易成本，提高效率。如果进出口贸易商在和政府的长期交往过程中严格遵守规定，保持良好的交易记录，且企业运行状况稳健，则可以主动申请成为"授权贸易商"，日后通关流程将更加简化，进出口货物效率更高。

（二）国内自贸试验区贸易便利化制度比较与评价

1. 上海自贸试验区

上海自贸试验区成立至今，按照"简政集约、通关便利、安全高效"的总体要求，立足于可复制、可推广，先后推出 31 项制度，全力推进自贸试验区改革创新。

（1）新型海关监管制度基本形成。上海自贸试验区正式成立以来，上海海关全面对标国际通行规则，在区内海关电子围网内实行"一线放开，二线高效管住，区内监管自由"的"境内关外"创新监管制度。

截至 2016 年 9 月，上海自贸试验区海关先后分三批次推出了 31 项制度创新举措，基本形成了一套较为完整的海关监管制度框架。在这 31 项制度创新举措中，涉及通关便利化 10 项，保税监管改革 3 项，企业管理改革 10 项，税收征管改革 4 项，功能拓展改革 4 项。

（2）协同监管打造和谐营商环境。据上海海关有关负责人介绍，自贸试验区海关共取消、下放、让渡、放开 22 项前道审批事权或限制，企业注册登记从 40 个工作日缩短为 3 个工作日。上海海关还联合工商、税务等部门实现企业投资准入环节"七证联办"，企业 9 个工作日内即可领取各类证照。

上海海关全面深度参与上海国际贸易"单一窗口"建设，完成 19 项涉及海关工作的功能项目，占所有建设项目的 48.7%。其中，货物申报集成海关、商检部门 8 个申报环节和 14 个反馈环节，企业申报项由 135 个大幅缩减至 75 个。

（3）建综合防控体系确保贸易安全。在改革进程中，上海海关坚决守住政策红线和安全底线，探索建立前中后联动、全流程覆盖、内外部协同的风险综合防控体系，坚持将"管得住"作为"放得开"的基础和前提。注重"改革"和"法治"双轮驱动，率先推出海关权力清单和责任清单，建立"先授权、后改革，先动法、后动权"的改革推进机制，针对所有创新制度，先后出台了自贸试验区改革操作规程 32 个，对外发布公告 39 个。

2. 天津自贸试验区

在海关监管方面，天津自贸试验区进一步推进信息化和智能化，在上海自贸试验区 14 项可复制、可推广经验的基础之上，进一步推行联网原产地电子证书审核，并结合自身特色进行融资租赁大型设备海关异地监管、租赁飞机联动监管创新。天津自贸试验区积极支持新兴业态发展。航空航天产业是自贸试验区的重点发展产业，天津海关在第二批监管创新制度中提出开展航空监测业务和航空产业小时包修、标准件替换等，丰富航空制造业的多元化。依托京津冀一体化的优势，天津自贸试验区将保税展示扩展到整个京津冀地区。2015 年 9 月，天津获批成为第 8 家具备保税进口业务资格的跨境电子商务服务试点城市，自贸试验区的有利条件将有助于跨境电商的试点运行。天津自贸试验区提倡培育法治环境，引入中介机构辅助开展税收监管和企业稽查制度，鼓励企业信用公示、自动披露自身问题，将顶层设计和基层问题逐渐匹配，提高企业的运作效率。

在检验检疫方面，在复制上海自贸试验区 8 项经验的前提下，天津自贸试验区提出京津冀检验检疫一体化，以及通关无纸化等电子化配套措施，大大提高了口岸放行效率，节约了企业的物流成本。由于天津港是北方最大的综合性港口，2014 年天津港货物吞吐量 5.4 亿吨，集装箱吞吐量 1430 万标箱，自贸试验区实施口岸直通制度规定，对符合条件的进口货物，在天津口岸只需对集装箱实施箱表卫生处理，直达目的地后进行后续检验检疫工作，符合条件的出口货物，产地检验合格后，在口岸直接放行，既减轻了港口的压力，也极大程度地降低了巨量货物的通行成本。此外，由于天津的转口贸易量巨大，"中转货物原产地签证"制度创新为天津自贸试验区的货物贸易业务发展提供了便利支持。

3. 广东自贸试验区

在复制和吸收上海自贸试验区经验的基础上，广东自贸试验区在贸易便利化方面进行了诸多探索与创新，海关和质检总局针对广东自贸试验区各片区的建设发展、监督管理及企业注册登记颁布相关政策公告，提高贸易便利化程度。

在通关一体化与便利化方面，广东自贸试验区通过扩大粤港澳通关"绿色关锁"实施范围等举措，通关效率提高了 50% 以上。2015 年 7 月 9 日，广东自贸试验区广州南沙自贸片区和广州空港经济区在全国范围内率先实施"政府购买查验服务"，将经查验没有问题的货物的查验服务费用缴纳主体由企业转向政府，减轻进出口企业负担；2015 年 7 月 16 日，广东自贸试验区珠海横琴片区口岸启用"一机一台"查验，是在前期推进的"一次申报、一次查验、一次放行"的基础上进一步扩大通关便利化，实现工作人员协同监管和监管设备协同使用，大大缩减了旅客通关时间，促进了珠澳两地通关便利；2015 年 7 月 29 日，广州、深圳海关在扩大自动进口许可证通关作业无纸化试点运行的基础上，实施自动进口许可"一批一证"管理。

在检验检疫方面，2015 年，深圳检验检疫局创新检验检疫电子证书制度，并在广东自贸试验区深圳前海蛇口片区内的部分企业先行先试，采用电子化方式不仅简化了证书制证流程，而且加快了货物入境后流转效率，节约了企业成本。广东自贸试验区广州南沙片区在试点粤港澳认证及检测互认制度、粤港澳产品检验检测技术和标准研究合作项目后，截至2015年9月9日，已有8家香港公司与2家内陆地区相关认证认可、检验检测机构在该辖区内开展了合作；2015年9月，广州南沙出入境检验检疫局与南沙海关正式签署"三互"大通关实施方案，南沙口岸正式建立新型检关"三互"大通关合作机制。

4. 福建自贸试验区

在海关监管方面，福建自贸试验区推出29项全国创新举措，其中简化《内地与香港关于建立更紧密经贸关系的安排（CEPA）》及海峡两岸经济合作框架协议（Economic Cooperation Framework Agreement，ECFA）原产地证书提交需求和放宽直接运输判定标准已被海关总署推广到全国4个自贸试验区。据福建省商务厅公布的数据显示，2015年前7个月，福建口岸落实各项通关便利化措施，为管辖区内企业节约费用4 276万元人民币，同时，签发各类原产地证3.7万份，为企业减免进口方关税约8000万美元。福建自贸试验区厦门、平潭片区利用两岸海运快件平台，通过与海关、国检监管系统、台湾关贸网等对接，简化个人自用物品的海关、检验检疫监管措施，打造两岸海运快件中心无缝对接的物流新通道。2015年8月24日，福建省国际贸易"单一窗口"上线试运行，包括货物进出口申报"三个一"系统和船舶进出境联检系统等方面。

在检验检疫方面，2015年8月，海峡两岸首份电子检验检疫证书传输成功，年内初步实现两岸检验检疫电子证书互传、互核、互认，为闽台货物贸易快验快放创造条件。福建口岸将继续推进台湾输大陆产品第三方认证结果和检验检测结果采信，组织开展两岸实验室检测项目能力验证，促进两岸监管部门互动互信，推动尽快实现"一张证书、两岸互认"。检验检疫部门对原产地业务实施凭企业声明直接签证、属地备案多点通签模式，允许生产企业代办原产地证书。初步估算，简化ECFA原产地证书提交手续的优惠措施可让ECFA项下享受关税优惠待遇货物的平均进口时间至少减少1至2天，不仅惠及省内外600多家企业，还可吸引更多ECFA项下货物从福建自贸试验区进口。

三、湖北自贸试验区贸易便利化创新发展的对策

（一）建立跨部门协调机制，提升制度创新的实施效力

湖北自贸试验区建立以省、市、区政府牵头的多边协商机制，形成由省、市政府领导，海关、国检、边检和市商务局、口岸办等有关部门以及自贸试验区各片区参加的工作联席会议制度。此联席会议机制主要负责自贸试验区建设中与各个相关政府部门的协调，就建设中的管理规范、业务运作、政策落实等方面的问题及时沟通、加以指导，统筹解决相关问题；优化政府跨部门创新协调机构，积极推进边检、海关、工商等部门之间的深度合作，定期开展监管模式创新协调会，加强各相关部门的沟通，构建便捷高效的通关与监管模式和机制；建立国际供应链企业联盟，根据跨境货物监管的特点，共同探索更加高效的货物跨境流动模式，为重点产业的供应链企业提供跨国经营的平台。

（二）丰富国际贸易"单一窗口"的特色功能，打造跨境大通关信息平台

湖北自贸试验区依托湖北电子口岸公共平台，在对接中央标准版国际贸易"单一窗口"的基础上，进一步丰富湖北特色的服务功能，满足企业通关便利化的综合性需求，实现出口加工区、阳逻港、天河空港、保税物流中心、区内企业与海关、检验检疫、港口、货代、船代等的联网和信息共享；企业与海关、国检、工商、税务、外汇等部门建立区内联网系统，实现电子数据交换（EDI）无纸报关、无人自动卡口放行、EDI事后交单，完善电子报关系统，做到数字化办公、信息化监管；积极进行"联网原产地证书电子审核""保税物流联网监管"等信息化和智能化推广创新，实现部门信息有效共享，协同监管；推进自贸试验区属地海关之间以及和长江经济带海关，进而和"一带一路"沿线海关进行标准化合作和信息共享，实现海关之间的检验检疫、经认证的经营者（AEO）等的互认，进一步简化通关手续，降低通关成本，提升通关效能。

（三）建设智慧型多式联运枢纽，打造便捷高效的立体化国际物流通道

（1）湖北自贸试验区加快推进湖北国际物流核心枢纽项目建设，运用智慧型信息技术打通多式联运的经脉：新建、改造一批设施装备先进、服务功能齐全的多式联运专业站场；应用大数据和云计算技术实现自贸试验区港口、口岸之间公路网络交通信息的可视化实时监控和通报，为转关车辆提供快捷化通行的信息支持；构建多式联运的全程、全网高效智能监管体系。

（2）做好顶层设计，打造湖北国际物流的水、空、铁、公立体化通道：以长江中游航运中心为支点，拓展干支直达、江海直达航线和近洋航线，推进江海直达航线的常态化运营，畅通国际物流黄金水道；统筹规划天河、顺丰机场的货运资源，开通至各大洲主要物流节点城市的全货机货运航线和国际货运中转航班，建设与"一带一路"沿线重要国家枢纽城市相连的航空网络体系，拓展国际物流航空通道；发挥汉欧班列"南北中"三条物流干线的内外联动作用，在国内增开至内蒙古、新疆、广东、宁夏等境内多式联运线路，推广"汉欧通道＋城市"共享模式，在国际上组织开行至越南、土耳其、伊朗等地区班列，将服务范围延伸至东南亚、南欧、地中海等区域，深耕国际物流铁路通道；规划市内多式联运的公路绿色通道，高效连通天河机场、阳逻港、花山港及吴家山铁路中心站等国际物流节点，深度优化省内公路网络的综合运输能力，保障国际物流通道在省内和中部地区的共享衔接，完善"水铁空"联运、互相喂给的集疏运网络。

（四）提升口岸综合服务能力，释放国际物流枢纽的经济效能

湖北自贸试验区统筹整合现有的各口岸基础设施资源，利用东湖综保区海关口岸的优势，加快建设东湖国际陆港口岸；拓展口岸服务功能，在湖北自贸试验区武汉片区设立肉类、水果、冰鲜水产品、汽车等进境口岸综合查验场地；利用东湖综保区海关口岸代码优势，联合天河机场、阳逻港、花山港、吴家山铁路中心站、顺丰机场，合作建设城市货运站及物流仓库，完善各物流节点间的信息交换；大力引进国际物流企业，在湖北自贸试验区武汉片区内建立区域总部或营运中心；加快多式联运海关监管中心的建设，提升口岸综合服务能力，吸引更多的高新产业和价值链高端产业在自贸试验区集

聚，构建产业联动的生态圈。

（五）聚焦中小企业的差异化诉求，深度挖掘特色制度创新的红利

湖北自贸试验区管委会通过开办政策讲座、微信公众号、信息交互平台等渠道，实时调研、汇集区内众多的中小企业对制度创新的差异化诉求；制定政企互动的制度创新激励机制，激发企业主动参与制度创新的动力，提升制度创新的效益转化率；海关、国检等政府职能部门助力自贸试验区企业，诊断企业供应链业务流程，了解企业进出口货物流动的特殊诉求，创新服务监管模式，并及时推广复制应用；解析、重构口岸申报、查验、放行等业务流程，以"前推后移"为指导原则，进行技术创新和管理创新，消除冗余的作业环节，优化企业和口岸进出口业务流程，提升海关通关效率，压缩通关时间；建设税收征管中心，统一涉税认定，实施"一次申报分步处置"的新型海关通关流程，推动企业自报自缴和海关后续核查作业相分离。

第三节　湖北自贸试验区金融领域的开放与创新

湖北自贸试验区以创新驱动型经济发展为导向，以战略性新兴产业和高技术产业为特色，为提升金融服务实体经济的能力和水平，应将科技金融作为金融改革的重点和着力点。作为科技产业与金融产业相融合的领域，科技金融是指服务于科技研发、成果转化和科技型企业发展的金融活动，既包括科技贷款、科技保险、创业投资等金融产品和服务，也包括促进科技创新和高新技术产业发展的一系列金融制度和政策。聚焦科技金融能为湖北自贸试验区金融开放创新提供重要契机，为试验区实体经济高质量发展提供有力支撑。

一、科技金融的定义、内涵与特点

（一）科技金融的定义

尽管科技金融活动起源于美国硅谷，但"科技金融"一词却最早出现在中国。1992年11月10日，中国科技金融促进会成立，这是"科技金融"一词的最早记载。而首次对科技金融的含义进行界定的是在 1994 年的中国科技金融促进会首届理事会上。

科技金融定义的研究具有里程碑意义的事件就是赵昌文在《科技金融》一书中对科技金融的概念给出了一个学界比较认可的定义。赵昌文认为，"科技金融是一个包含广泛内容的开放式系统，是促进科技开发、成果转化和高新技术产业发展的一系列金融工具、金融制度、金融政策与金融服务的系统性、创新性安排，是由向科学与技术创新活动提供金融资源的政府、企业、市场、社会中介机构等各种主体及其在科技创新融资过程中的行为活动共同组成的一个体系，是国家科技创新体系和金融体系的重要组成部分"。

综上，学界对科技金融能够达成以下普遍共识：科技金融是促进科技创新的必由之路，也是实现科技与金融紧密结合的具体举措。然而由于科技金融活动的主体、客体等具体表述有所不同，导致认识上的偏差，影响了我们对科技金融运行机制及其规律的把握，不利于精准地运用科技金融政策。

本研究借鉴既有的研究成果，把科技金融定义为：以促进科技创新活动为目的，以组织运用金融资本和社会资本投入科技型企业为核心，以定向性、融资性、市场性和商业可持续性为特点的金融活动的总称。

（二）科技金融的内涵

科技金融的内涵可以从科技金融的功能、范畴主体、客体等几个方面来阐述。

1. 科技金融的功能

尽管科技创新和金融发展是一个互动过程，两者的融合既推动了科技进步，也促进了金融创新，但现实中所要解决的突出矛盾和问题使金融发展不适应加快推进科技创新进程的需要。研究和实践科技金融的直接目的是通过改善金融服务，增加金融资本和社会资本投入，为加速推进科技创新进程提供更加有力的支持。因此，科技金融就是促进科技创新和高新技术产业发展的金融资源配置与服务。

2. 科技金融的范畴

科技金融实践属于金融活动而不是科技活动，所以用金融活动加以概括，其中包括金融制度安排、金融机构设置、金融运行机制构建、金融服务方式选择以及金融工具和金融产品的运用等。

3.科技金融的主体

科技金融的主体涉及政府、金融机构、企业、居民和其他单位等。但明确主体是谁并不重要，重要的是它们运用资金的性质，只有资金的运用以获取投资回报（有偿使用）为目的，才可以称其为金融活动。政府无偿拨付资金、企业内部资金安排、社会捐赠款等，即便是对科技创新活动的支持，也不属于科技金融。以获取投资回报为目的的资金即资本，包括金融机构的资金运用，一般是间接融资，称为金融资本；金融机构以外的企业、居民和其他单位的有偿资金运用，一般是不通过金融机构的直接融资，称为社会资本。

4.科技金融的客体

科技金融的客体就是科技创新的载体，涉及企业、高校、科研院所、创业团队等。不管它们的本来属性如何，一旦其接受金融资本和社会资本的投入，就必须整体地或在一个相对独立的局部内按企业性质来运行，成为独立的经济核算和利润中心，具有还本付息的能力或潜力。因此，科技金融的客体是企业化的科技创新载体，统称为科技型企业。

（三）科技金融的特点

科技金融将科技创新与现代金融两大要素协同起来，通过现代金融服务科技创新，进而推动实体经济发展。因此，科技金融具有与一般金融不一样的独有特征，具体表现在其独有的三大特点：一是科技金融是创新型金融，而非传统型金融。传统型金融注重企业的抵质押物和信用记录，而科技金融注重企业的科技价值和成长性，科技金融服务要随着科技创新而创新。二是科技金融是发展型金融，而非救济型金融。与农业等弱势产业不同，科技型企业虽然在初创期弱小，但成长迅速，发展潜力巨大，具有高投入、高增长、高风险、高收益的特点。从本质上看，科技金融是可盈利并可持续发展的。三是科技金融是引导型金融，而非自发型金融。由于科技成果的依附性、无形性、专业性、外部性、时效性、期权性，科技金融存在市场失灵的问题，专利权质押贷款发展缓慢，种子期、初创期企业急缺投资，必须由政府来引导推动。

二、科技金融的理论基础

(一)金融创新理论

金融创新是一种需求诱发的利润驱动的金融现象的理论。目前,金融经济学家多用企业利润最大化的微观经济学理论来分析金融工具的诞生和金融企业努力创新的进程。1983 年,W. L. 西尔伯就指出,金融创新是为了抵御抑制企业实现利润最大化和效用最大化的外部因素而产生的。而金融活动各种制约因素,依据其来源和形式又可以划分为:政府管制和税收政策的变化;消费品价格和金融资产价格水平等外部环境的变化;由于供给和需求要素的变化导致整个市场的变化。其中,供给要素的变化多是指技术进步和竞争加剧对金融机构风险和成本的影响;需求要素的变化则是指投资者对资金流动性、风险的态度,交易成本及融资渠道的变化等。

(二)金融功能理论

R. Merton 和 Z. Bodie 于 1993 年提出了功能主义金融观点(functional perspective)理论。功能主义金融观点理论具有两个假定:一是金融功能比金融机构更加稳定。R. Merton 和 Z. Bodie 认为,随着时间的推移和区域的变化,金融功能的变化要小于金融机构的变化。以银行为例,从纵向来看,现代商业银行的组织设置和机构布局与早期的货币代管机构相比,已经发生了翻天覆地的变化;从横向来看,处于不同地域的银行的组织设置也不同,但履行的功能却大致相同。二是金融功能优于组织机构。金融功能比金融组织机构更加重要,只有机构不断创新和竞争才能使金融组织机构具有更强的功能和更高的效率。在前述假定前提下,R. Merton 和 Z. Bodie 认为,从功能金融观点看,首先要确定金融体系应具备哪些经济功能,然后据此设置或建立能够最好地行使这些功能的机构与组织。任何金融体系的主要功能都是为了在一个不确定的环境中帮助不同国家或地区之间在不同的时间配置和使用经济资源。

金融体系的功能可分为以下三大核心功能:一是便利清算和支付的功能。金融体系提供完成商品、服务和资产清算和结算的工具。不同的金融工具在功能上可以替代,运作它们的金融机构也可以不同。二是聚集和分配资金的功能。金融体系不仅能为企业或家庭的生产和消费筹集资金，还能将聚集起来的资金在全社会重新进行有效分配。三是风险分散的功能。金融体系可以提供管理和配置风险的方法，是管理和配置风险的核心。风险的管理和配置能够增加企业或家庭的福利。风险管理和配置功能的发展使金融交易和风险负担得以有效分离，从而使企业或家庭能够选择其愿意承担的风险，回避不愿承担的风险。此外，金融体系还能充分挖掘决策信息和有效解决委托—代理关系中激励不足的问题。

努力维持一个稳定的金融体系，并提高其运行效率是一个世界性的课题，那么研究什么样的金融体系是稳定且具有效率的则显得十分重要。由于金融机构会随着时间、空间的转移和基础技术的更新换代表现出不同的组织形式和运行方式，因此，从金融组织形式以及与此相关的金融制度来研究金融对经济的增长作用或者说金融体系的稳定性和效率性不具有指导意义。相反，由于金融体系的金融功能具有相对的稳定性，根据金融体系的金融功能的发挥程度对金融体系的稳定性和效率性进行研究得出的结论更加具有前瞻性。结合前面提到的功能金融的两个假定，一个兼具稳定和效率的金融体系，应该能够积极创造和充分使用各种金融工具和手段来动员社会闲散资金，然后在全社会按照效益最大化的原则进行配置，以此来提高全社会的投资效率，促进国民经济的增长。因此，根据 R. Merton 和 Z. Bodie 的功能金融理论，判断一个国家或地区金融体系稳定性和效率性的标准是金融体系能否创造出丰富多样的金融工具，充分动员社会储蓄并将聚集起来的资金进行高效配置，提高资本的边际生产率和全要素生产率，并有效进行风险分散和管理，促进社会福利的增长。

（三）金融发展理论

金融发展理论是主要研究金融发展与经济增长之间内在关系的理论。20世纪 60 年代末至 70 年代初，以雷蒙德·戈德史密斯（R. Goldsmith）、罗纳德·麦金农（R. McKinnon）和爱德华·肖（E. Shaw）等为代表的一批西方经济学家开始对金融与经济发展二者之间的关系展开探讨，并先后发表了有关研究成果。这些代表性著作的出版也标志着金融发展理论的诞生。传统经济发展理论偏重资本、劳动、土地、技术和资源等因素的作用而忽视了金融对经济发展的作用，而金融发展理论的出现则弥补了这一缺陷。

20世纪60年代末，美国经济学家戈德史密斯出版了《金融结构与金融发展》一书，他在书中指出，"金融结构即各种金融工具和金融机构的相对规模"。他认为，金融结构的存在形式是多种多样的，而这些不同的形式就体现了金融发展（甚至是经济增长）的不同水平。金融发展的现代史就是金融结构的发展史，因此关于金融发展的研究其实就是对金融结构的变化过程和趋势的研究。此外，戈德史密斯还对比研究了35个国家1860—1963年的数据，采用定性分析与定量分析相结合的方法探讨了这些国家金融结构与金融发展的问题。为了研究金融发展与经济增长之间的关系，他创造性地提出了一系列评价金融结构（也是衡量金融发展水平）演变的指标，其中影响最深远也是应用最广泛的就是金融相关率（Financial Interrelations Ratio，FIR），金融相关率是指一定时期内社会金融活动总量与经济活动总量的比值，其中金融活动总量一般用金融资产的总额来表示，换言之，FIR就是金融工具的市场总值除以全部有形资产所得比率。戈德史密斯首次将理论与实证相结合，系统阐述了金融发展与经济增长的相互作用，并得出二者之间存在着大致平行关系的结论。

20世纪60年代以前，金融理论的研究对象多是以发达国家的金融状况为目标的，这种金融理论只局限于货币理论，而彼时的金融结构理论也只局限于银行理论。这种金融理论研究显然无法适应时代发展的需要。在这样的背景下，美国斯坦福大学的两位经济学教授爱德华·肖和罗纳德·麦金农摈弃摒弃了以成熟的市场经济国家的金融体系为研究对象的传统方法，转而研究发展中国家的金融问题。罗纳德·麦金农和爱德华·肖事实上是进一步发展了金融发展理论，他们在前人研究的基础上，于1973年分别出版了《经济发展中的货币与资本》和《经济发展中的金融深化》两部著作。两人分别从"金融深化"和"金融抑制"两个角度，分析了制约发展中国家经济增长的症结。爱德华·肖提出了"金融深化"理论，并分析了金融深化的特征，认为金融深化所带来的储蓄效应、投资效应、就业效应和收入效应将促进本国经济的发展。作为金融深化的对立面，他分析了"金融抑制"的原因和基本特质，指出金融抑制对经济增长存在负面影响。麦金农着重讨论了"金融抑制"理论，认为发展中国家必须而且可以通过金融的自由化来求得资金上的自给，而金融的自由化则必须与外贸体制和财政体制改革彼此协调和同步。

爱德华·肖和罗纳德·麦金农都指出发展中国家普遍存在着的金融抑制现象阻碍了金融的发展，落后的金融水平抑制了私人储蓄和投资的形成，从而使发展中国家的经济裹足不前，这些国家要想促进金融发展以及推动经济增长，就需要通过金融自由化放松管制。爱德华·肖和罗纳德·麦金农的金融抑制和金融深化理论的提出，标志着金融发展理论的正式形成。后来他们两人的理论被冠以了"金融深化理论"或"麦金农—肖理论"的称谓。

金融深化理论认为，金融抑制扭曲了市场作为主体对资源实施有效配置的能力，阻碍了发展中国家的经济增长，并指出只有实现金融自由化才能令发展中国家摆脱"低储蓄→低投资→低产出→低收入→低储蓄"的窘境。然而这一论断却与新兴市场经济国家和地区的发展现实有很大出入。中国等东亚许多国家和地区都存在着不同程度的金融抑制，但这些地区的经济却取得了举世瞩目的成绩。而且，完全的金融自由往往会带来金融危机和经济动荡。为了化解这种理论与现实之间的矛盾，有学者开始试图寻求另外一种思路来探讨相关问题，于是20世纪90年代，赫尔曼（Hellmann）、穆多克（Murdock）和斯蒂格利茨（Stiglitz）等人便提出了"金融约束"理论。赫尔曼等人指出："金融约束是与金融抑制截然不同的政策，金融约束的前提条件是稳定的宏观环境、较低的通货膨胀率以及正的实际利率。最重要的是，与金融抑制下的情形显著不同，政府并不从金融部分攫取租金。"这就意味着，金融抑制下实际利率偏低，这样使经济整体上的储蓄率就会降低，特别是在通货膨胀时期，负的存款利率属于从民间部门向政府部门的财富转移，即低的利率所形成的租金由政府部门攫取，并随意分配。在金融约束下，尽管利率也偏低，但实际利率依然为正，而且低于市场均衡利率所产生的租金，政府并不占有，而是在金融部门和生产部门之间根据政府制定的规则而进行分割，而在金融部门和生产部门内部，微观主体对租金的占有则遵循市场机制。如此一来，政府可以在不损害微观经济主体市场化行为的前提下，通过设租形式，诱使微观主体采取符合政府意愿的行为，在保证微观效率的同时，进行政府干预。金融约束可以被理解为发展中国家从金融抑制走向金融自由化的一个过渡性政策，它是发展中国家在保证市场效率前提下干预经济的手段。正如赫尔曼等人在其著作中所表述的那样，相对于金融抑制和金融自由化所带来的负面问题而言，"金融约束为民间部门发展强大的金融组织提供了恰当的激励，可能是一种比上两种选择更有吸引力的模式"。

（四）金融成长周期理论

企业发展不同阶段的融资需求是否也呈现出像生物学一样的周期规律？此问题探索要追溯到企业生命周期理论的起源。马森·海尔瑞（Mason Haire）最早提出企业生命周期的概念，他认为可以用生物学中的生命周期观点看待企业，企业的发展也符合生物学中的成长曲线。科技型中小企业也不例外，而其也是科技金融体系研究的核心与重点。随后，爱迪斯（Adizes）在马森·海尔瑞的基础上进行了细化和丰富，在《企业生命周期》一书中将企业的生命周期划分为孕育期、婴儿期、学步期、青春期、盛年期、稳定期、贵族期等几个阶段。

依托企业生命周期理论的发展，金融生命周期理论也应运而生。20世纪70年代，韦斯顿（Weston）和布瑞哈姆（Brigham）提出了企业金融成长周期理论，他们根据企业生命周期的不同成长阶段融资来源的变化提出了企业金融成长周期的假说。该假说将企业发展分为四个阶段（创立期、成长期、成熟期和衰退期），依据企业的资本结构、销售和利润等特征，对处于不同阶段企业所获得的资金来源进行了简要分析。伯杰（Berger）和尤德尔（Udell）指出，企业的金融需求特性随着企业发展阶段的变化而改变，呈现出与企业成长周期相一致的周期性特点。

三、加快湖北自贸试验区科技金融发展的重大意义

（一）贯彻和落实国家创新驱动发展战略的需要

2016年，中共中央、国务院发布了《国家创新驱动发展战略纲要》。党的十八大提出实施创新驱动发展战略，十八届五中全会提出以创新为首的"五大发展理念"（创新、协调、绿色、开放、共享），党的十九大提出加快

建设创新型国家，将创新上升为引领发展的第一动力。创新活动离不开资金的支持，然而目前湖北自贸试验区科技金融体系不健全，科技金融供给不足，作为创新主体的科研院所和科技企业普遍存在科研经费紧缺、成果转移转化难、融资难、融资贵等问题。"科技金融是创新驱动发展的助推器，是大众创业万众创新的有力支撑"。湖北自贸试验区要实施创新驱动发展战略，就必须大力发展科技金融，通过金融工具创新、金融市场创新、金融制度创新发挥其融资、风险分散、公司治理等功能，促进科技创新的发展。因此，加快湖北自贸试验区金融发展既是创新驱动发展的助推器，也是大众创业万众创新的有力支撑。

（二）建立国家科技金融示范区的契机

湖北自贸试验区武汉片区面积 70 平方千米，位于东湖高新区，也是东湖国家自主创新示范区的核心区域，是湖北自贸试验区面积最大的板块和最成熟的区域，涵盖了东湖综保区、光谷生物城、未来科技城、光谷中心城、光电子信息产业园、光谷现代服务业园、光谷智能制造产业园、光谷中华科技园等八个园区。加快湖北自贸试验区科技金融发展可以充分发挥东湖国家自主创新示范区自主创新和辐射带动作用，并借此进一步打造成国家科技金融示范区。

（三）打造全国科技与金融领军复合人才基地的保障

金融人才、管理人才、IT 技术人才是湖北自贸试验区建设中的"稀缺资源"。加快湖北自贸试验区科技金融改革创新将会聚集金融、管理与 IT 技术等领军式复合人才，极大缓解目前湖北自贸试验区建设中的"稀缺资源"。因此，湖北自贸试验区金融改革创新也对高校人才的培养模式提出挑战，政校企合作培养紧缺人才显得尤为重要。

四、促进湖北自贸试验区科技金融发展的对策建议

（一）推动以市场机制为主、政府引导为辅的制度建设

湖北自贸试验区科技金融的发展模式，应突破以往以优惠政策为主要手

段的政策设计思路，大胆地在制度上进行根本性的变革和创新，进而总结发展经验逐步向全省推开。具体地说：一是构建政府与市场的联动机制，政府要发挥其财政支持的作用，加大对科技金融的扶持力度，按照市场化模式推进科技金融中介平台和风险担保体系的建设，以市场力量为主导促进科技资源与金融资源的有效配置。二是完善科技与金融融合的联动机制，建立起可复制和可推广的科技与金融的融合体系，进而在省内其他地区推广。三是建立自贸试验区与科技金融的联动机制，通过打造科技型自贸试验区，发挥金融资本的空间聚集效应和累积效应，逐步在全省形成以需求为导向的科技金融发展模式。

（二）扩大金融领域开放，打造世界级科技金融中心

湖北自贸试验区进一步解放思想，紧跟国家扩大金融领域开放的宏观政策，可在自贸试验区先行先试，借鉴 2018 年 7 月 10 日上海推出的"上海扩大开放 100 条"经验，将湖北自贸试验区打造成世界级科技金融中心。具体地说：一是适度放宽自贸试验区内银行业外资市场准入条件，适度放宽证券业外资股比及业务范围限制，扩大保险业对外开放。二是加强国际交流与合作，服务长江经济带建设和"一带一路"建设。三是加强国际科技金融中心精准宣传推介，打造科技金融领域国际知名的高端对话平台；加强政策宣传，做好精准营销，主动上门服务，吸引外资来鄂，做好保障服务；四是加强武汉与上海、伦敦、纽约等国际金融中心城市及"一带一路"沿线国家和地区主要金融中心城市的交流，深化鄂港、鄂澳、鄂台等金融合作。

（三）完善科技金融服务体系，强化金融服务功能

湖北自贸试验区应着重做好以下工作：

（1）设立集债权、股权、资管、辅助四大金融服务平台于一体的国资控股、市场化运作科技金融服务平台，借鉴北京海淀科技金融资本控股集团股份有限公司的先例，积极推进科技与资本、科技与产业有效融合，联合各类金融机构资本，构建"政府＋园区＋银行＋创投＋担保＋保险"的多层次科技金融服务体系，逐步构建起具有湖北特色的科技金融生态圈。

（2）加快自贸试验区信用体系建设，让信用体系建设有章可循，并加

快推进信用评价体系的建设，促进信用评价成果的运用，推进政企合作模式。

（3）改进当前知识产权服务体系，建立知识产权运营中心和创投服务中心，营造创新发展的公平环境，建立知识产权保护，建立维权机制，维护科技研发成果的应有权益。

（4）建立适应科技金融发展的投资担保中心，加大科技保险投入力度，营造一个良好的科技投资环境。

（5）积极打造科技金融创新创业服务平台，建立完善的科技型企业融资需求信息库、科技金融服务机构信息库、科技人才库、科技型企业信息库等数据平台，为科技型中小企业提供投融资、知识产权交易、科技咨询、政策支撑等系统性、综合性的便捷服务。

（四）深化科技金融产品创新

湖北自贸试验区应重点做好以下工作：

（1）促进科技信贷产品创新。湖北自贸试验区可通过加强指导引导、搭建平台、完善激励机制等，推动科技企业应收账款质押贷款业务发展，扩大动产、知识产权、股权、订单、仓单、保单等质押和"纳税信用贷""萌芽贷"等贷款规模；大力推进法人金融机构科技金融创新。

（2）助推小企业私募债发展。湖北自贸试验区可借鉴上海市闵行区和北京市的经验，通过政府补贴的形式，助推小企业私募债发展，降低小企业融资成本。

（3）设立风险补偿基金和规模奖励基金。湖北自贸试验区可可借鉴北京、天津模式在小企业融资方面发挥政府与市场的作用，转变过去直接选择企业和补贴企业的模式，而是将补贴集中起来对银行进行补贴。

（4）四是推动科技保险产品发展。湖北自贸试验区应积极创造条件争取设立法人科技保险公司、产业保险公司和保险专业中介机构，支持设立科技保险专营机构；探索设立服务科技保险发展的综合性保险中介服务集团；鼓励设立再保险公司，建设区域性再保险中心。积极扩大小额贷款保证保险、贷款担保责任保险和内外贸信用保险规模，探索发展债券信用保险；鼓励保险机构开展专利执行保险、侵犯专利权责任保险、知识产权质押融资保险、知识产权综合责任保险等业务；大力创新内贸和出口信用保险，开展信用保险保单融资。

（五）打造全国科技金融领军复合人才基地

人才队伍是科技金融建设的基础和核心，完善科技金融人才队伍建设机制是优化科技金融平台建设效果的一个重要组成部分。湖北自贸试验区科技金融服务需要大量的复合型人才，而目前湖北自贸试验区缺少具有金融、管理、科技、法律、物流、英语等多方面才能的复合人才。因此，湖北自贸试验区要做还以下工作：一是加强高校与自贸试验区科技金融实际需求的对接，完善政校企合作机制，培养与自贸试验区及金融中心建设相契合的人才；二是在加强本土人才培育的同时，落实人才引进机制，以高薪和优惠政策吸引国内外顶尖人才，将湖北自贸试验区打造成全国科技金融领军复合人才基地；三是建立合理的人才评价和激励机制，对人才的业绩和成就进行奖励，进一步激发人才的工作积极性和热情，为湖北省自贸试验区科技金融事业发展做出贡献。

第六章 广东自贸试验区的发展与创新实践

第一节 广东自贸试验区的成立与发展思路

一、广东自贸试验区的成立

2014 年 12 月 12 日，国务院常务会议批准成立中国第二批自贸试验区，包括中国（广东）自贸试验区、中国（天津）自贸试验区和中国（福建）自贸试验区。2015 年 4 月 21 日，广东自贸试验区举行挂牌仪式，标志着广东自贸试验区的成立。广东自贸试验区毗邻港澳，是中国改革开放的前沿阵地。广东自贸试验区的发展目标是：经过三至五年的改革试验，营造国际化、市场化、法治化营商环境构建开放型经济新体制，实现粤港澳深度合作，形成国际经济合作竞争新优势，力争建成符合国际高标准的法制环境规范、投资贸易便利辐射带动功能突出、监管安全高效的自由贸园试验区。

广东自贸试验区覆盖的总面积约为 116.2 平方千米，由 3 个片区组成：深圳前海蛇口片区（包括面积为 3.71 平方千米的深圳前海湾保税港区），总面积约 28.2 平方千米，这一片区由前海区块和蛇口区块组成，又分为 1 个港区和 2 个商务区，即深圳西部港区、前海金融商务区和蛇口商务区。珠海横琴新区片区，总面积约 28 平方千米，该片区由 5 个区块组成，分别是临澳区块、文创区块、休闲旅游区块、科技研发区块和高新技术区块。广州南沙新区片区（包含面积为 7.06 平方千米的广州南沙保税港区），是 3 个片区中占地最广的，总面积达到了 60 平方千米，由于面积较大，广州南沙新区片区划分的区块比其他两个片区要多，一共有 7 个，分别为庆盛枢纽区块、海港区块、蕉门河中心区区块、南沙湾区块、万顷沙保税港加工制造业区块、南沙枢纽区块、明珠湾起步区区块，如图 6-1 所示。

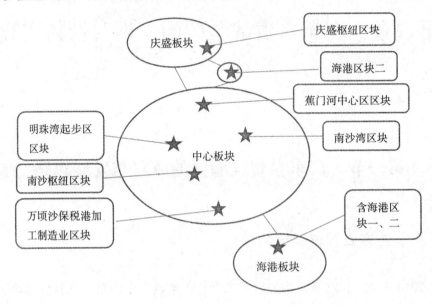

图 6-1　广东自贸试验区广州南沙新区片区建设示意图

二、广东自贸试验区的发展思路

（一）广东自贸试验区的核心优势与功能定位

要明确广东自贸试验区的发展思路，首先要清楚广东自贸试验区的核心优势和功能定位。广东自贸试验区毗邻港澳，具有十分鲜明的粤港澳合作特色，这就塑造了自贸试验区发展的核心优势：独具粤港澳联合发展的优势，且广东省深圳市、珠海市、汕头市作为中国的首批经济特区，是改革开放的先行地，具有改革创新的经验积累。

而广东自贸试验区的功能定位则是根据自贸试验区各个片区的特点来制定的。例如，广东自贸试验区广州南沙新区片区地处珠江三角洲的中心地带，距离香港、澳门的海上航程均在四十海里左右，优越的地理位置为片区发展航运物流业提供了条件。此外，高端制造业、特色金融业和国际商贸产业也是广州南沙新区片区重点发展的对象。基于以上发展规划，广州南沙新区片区的功能定位是建设现代产业的新高地和综合服务枢纽，现代产业的建设以生产性服务业为主，综合服务枢纽的建设标准则是国际认可的一流标准。

深圳前海蛇口片区与中国香港特区隔海相望，附近建有深圳宝安国际机场和香港国际机场两大空港，计划重点发展新兴服务业，如现代物流产业、金融服务业、科技和信息服务业等。基于以上地理优势和发展规划，深圳前海蛇口片区的功能定位是建设国际一流的交通枢纽港、中国金融业开放发展的示范窗口和国际贸易服务业的重要发展基地。

珠海横琴新区片区通过莲花大桥与中国澳门特区互联互通，且已实行创新的环岛电子监控分线监管模式，定位于国际商务服务休闲旅游基地和文化教育开放先导区，并且能够带动澳门地区的经济向着多元化方向发展。珠海横琴新区片区重点发展的产业是旅游休闲业、高新技术产业、商务金融服务业和文化与科学教育产业。

（二）广东自贸试验区的具体发展思路

1. 履行国家赋予的发展任务

2018 年 5 月 24 日，国务院印发了《进一步深化中国（广东）自由贸易试验区改革开放方案》，该方案肯定了广东自贸试验区的阶段性建设成就，同时对自贸试验区未来的建设发展规划提出了明确的要求，为自贸试验区的发展设置了特殊的功能定位，即广东自贸试验区要进行国际贸易中心和国际航运枢纽的建设。此外，该方案还要求广东自贸试验区率先参照国际标准的投资和贸易发展规则，努力把自贸试验区建设成为独具创新要素、投资贸易自由、营商环境良好、辐射功能优秀的自贸园试验区，且自贸试验区的创新发展要与广东省的改革形成良性互动，各项改革试点任务具备条件的在珠江三角洲地区全面实施，或在广东省开展推广试验。

（1）围绕发展航运产业开展制度创新。广东自贸试验区地理位置优越，区域内的港口较多，港口的总吞吐量在世界名列前茅，而自贸试验区想要建成国际一流的航运枢纽，还要积极开展区域内港口运输产业的制度创新，进一步提升港口的运输效率和工作效率。自贸试验区航运产业的制度创新可以从管理模式、服务能力、服务价格、航线设立、多式联运几个方面入手展开探索。①跳出原来港口地区的固定管理模式，成立广东省港口联盟，并充分利用自贸试验区的港澳航线作为特殊航线进行管理的便利条件，与港澳港口开展全方位的合作；②努力发展港口在通关便利化、一体化方面的服务能力，通过海关部门、检验检疫部门等单位、机构的共同协作和大数据网络平台的建设推进，扩大服务覆盖范围、完善港口的服务功能；③从实际的航运服务水平出发，制定港口服务价格的标准，鼓励开展服务效率竞争，避免价格竞争；④在航线的设立与完善上，既要考虑国际市场需求，在了解各个港口国际货物运输情况的基础上合理设置国际班轮航线，又要以优化货物配置为目标，推进沿海港口之间以及内河港口之间的航线合作；⑤要创新多式联运模式，加强港口与铁路、高速公路的联运枢纽建设，为产业园区设立三种运输方式协同发展的运输专线，开展生产与运输服务的紧密合作。

（2）探索粤港澳深度合作的方法路径。广东自贸试验区要充分利用中央政策赋予的制度创新权力，结合广东地区市场的发展情况和粤港澳大湾区的建设需要，积极探索制度上的创新，完成中央政府提出的制度创新的任务；通过借鉴港澳地区国际化水平较高的制度建设方法，制定出符合中国国情的、与国际接轨的创新制度，以更好地服务于国家经济发展的全球化目标。

①开展使粤港澳三个地区的市场资源能够自由流动的制度创新，全面对接资源流通的标准、方式、效率，实现统一标签下的全流通；②提高珠三角地区的制造能力，就港澳地区的科研活动、科研成果与广州地区展开交流，探索合作的方法；③推进粤港澳三地风险投资基金的发展和"风投＋创新＋产业化"模式的建设，为粤港澳三地的产业优化升级提供动力，响应国家创新驱动发展的战略。

（3）继续开展负面清单管理。广东自贸试验区要继续执行负面清单管理制度，推进负面清单管理的可持续发展；实施政府对市场运行的宏观管理，降低市场的准入门槛，确立市场主体的行为规范，最终发挥市场在资源配置中的决定作用，实现国际标准市场管理模式的建立。

同时，广东自贸试验区要探索市场继续开放的产业领域，扩大市场主体的准入领域，尤其是未来改革开放发展的重点领域——金融领域，在保证风险管理的基础上，探索人民币的自由汇兑和流通制度以及人民币国际化发展的道路；探索投资开放的新领域、新方法和股权投资等方面的管理模式，尽快实现内外资在投资领域的待遇相同，除部分特殊领域外，取消对外资进入的限制要求；不断加强对市场运行的监督管理，依靠大数据平台及时有效地对企业的经营活动进行评估，防范市场风险和市场机制的不良发展趋势，帮助市场平稳顺畅运行，继而为经济的发展创建良好的市场环境。

（4）探索国际贸易的新模式、新业态。广东自贸试验区要围绕有国际竞争力的贸易中心的发展目标加快建设自由贸易港，学习借鉴香港自由港的建设、管理经验，制定并实施新的制度、政策。例如，在CEPA项下试行港澳地区更加开放的"准共同体""类自由港"政策，开展粤港澳三地深入合作的试验，实施国际中转的便利报关措施，适当扩大与自贸试验区配套的保税港区范围，开展船籍港业务和贸易中转业务以及其他各类型的离岸贸易；创造条件与作为国际自由贸易港的香港和澳门地区交流合作，创建三个地区联合驱动的自由贸易港群。

2. 利用粤港澳大湾区的制度优势实现协调发展

广东自贸试验区要充分利用中央赋予的制度创新的权力，将自贸试验区内的三个片区打造成建设粤港澳大湾区的先行者。而服务业是未来中国乃至全球发展的重点产业，能快速促进地区经济的转型与发展，因此大力发展服务业并进一步推进粤港澳地区服务贸易行业的自由化、便利化是广东自贸试验区发展的方向。

（1）发挥自贸试验区的带头作用，促进粤港澳服务要素的流动。广东自贸试验区要发挥自身的带头作用，通过提高通关服务水平和通关管理工作效率促进粤港澳地区间服务要素的顺畅流动。例如，采用港澳地区与自贸试验区一站式海陆空联运的运输方式和"前店后仓"的运作模式，在航线运行和货物存储的管理上，采用各港口在大湾区内航线一体化、港口货仓一体化的监管模式；通过自贸试验区内企业大数据平台与港澳政府机构数据库的电子在线联网，提升电子化、信息化的通关效率；为减少通关检验检疫花费的时间，实施三个地区检验检测结果互认的制度，将港澳地区政府相关部门认可的原产地、卫生证书以及风险监控的结果作为检验监管的依据；港珠澳大桥开通后，港澳与自贸试验区随时可以通关，不再有时间限制，来自港澳的游艇、机动车等可以较为便利地进出自贸试验区。

（2）发挥自贸试验区的带头作用，促进粤港澳服务业的全面开放。粤港澳大湾区建设领导小组建立了推进自贸试验区建设的专责小组机制，把国际贸易港作为自贸试验区的建设目标，不断更新开放发展的负面清单，降低服务业的准入门槛，根据相关协议完善当地的行政管理机制，实现制度的有机衔接，保障协议的落地实行；充分利用港澳地区在金融领域、投资贸易领域、会计领域、法律领域等领域的国际经验和优势，加快广东自贸试验区的制度创新和规则设置；引进港澳地区的基金管理公司和资金控股证券公司，吸引港澳地区的金融、法律、税务、会计等专业人才来自贸试验区就业，并将这些政策规定实施的范围扩大到粤港澳大湾区。

（3）发挥自贸试验区的试点作用，吸引港澳居民来粤居住就业。广东自贸试验区要抓住港澳居民通过办理居住证来广州地区居住和工作的契机，大力引进港澳居民常驻粤港澳大湾区；加强粤港澳大湾区内医疗、教育、卫生、养老等配套基础设施的规划建设，允许香港地区的部分资源以投资或独资的形式入驻大湾区从事服务行业；以证书互认为前提开展粤港澳3个区域的劳动力专项技能培训合作，通过专业技能提升与地区经济发展的合作，促进地区劳动力水平的共同提升；建立粤港澳地区相关财政资金的衔接机制，通过发布公共服务券的形式吸引港澳居民来广州地区发展。

（4）发挥自贸试验区的探索作用，促进粤港澳大湾区的发展建设。广东自贸试验区作为国家政策和制度创新发展的领头羊，具有先行先试的发展权力，应凭借自身的创新优势、同港澳地区日益密切的合作优势，研究探索粤港澳大湾区发展建设的方法和途径。

（5）发挥特色优势，加强粤港澳合作。承接国家重大战略、加强粤港澳合作、发挥自贸试验区的辐射带动作用，是广东自贸试验区的发展目标和发展方向。其中，深化粤港澳合作是广东自贸试验区最重要的优势和国家级的战略功能。广东自贸试验区要抓住新时代背景下深化粤港澳合作、建设粤港澳大湾区合作示范区的战略契机，探索在"一国两制"政策下，广州地区与港澳开展更紧密合作、实行更高标准开放制度与路径的方式方法，发挥自贸试验区建设粤港澳大湾区、促进粤港澳大湾区繁荣发展的"试验田"作用。

（6）树立建成国际性大湾区的建设目标。广东自贸试验区要树立将粤港澳大湾区加速建设成为国际型大湾区的建设目标，对接国家战略，建设粤港澳大湾区的合作示范区；探索"一国两制"背景和 CEPA 框架下自贸试验区与港澳地区在产业互补、交通互联、规则对接和资源共享等方面的合作；加快开展前海香港优势产业基地、南沙粤港深度合作区，以及粤港澳青年创新创业平台的建设；通过建设广深港澳科技创新走廊，推动粤港澳之间的合作，实现产业的转型升级，加快具有竞争力的产业集群的建设，尤其要加强精密装备制造产业的发展建设，以实体经济的实力奠定粤港澳大湾区的国际地位。

（7）我国立法机关可赋予广东自贸试验区部分立法权，以推动地方自由贸易制度的改革与创新。理由是自贸试验区的产业发展是以地方为主体开展推进的，具体实施起来责任在于地方，但制度上的权限却不在地方，制度使用的权限大多会设在部委一层，这种责权不对等的情况使制度创新的成本变高，从而影响了自贸试验区经济的发展，因此我国立法机关可赋予自贸试验区此类制度创新的权力。

同时，我国立法机关可研究制定中国自贸试验区法，通过立法规划中央与地方的责任权力划分，以立法给基层"特别法"的授权化解基层制度创新中出现的矛盾，保护和激发基层自由贸易试验制度的创新发展。

第二节　广东自贸试验区金融领域的开放与创新

一、广东自贸试验区金融领域的发展现状

（一）广东自贸试验区金融领域发展概况

作为中国改革开放的前沿阵地，广东自贸试验区在促进区域经济增长和金融领域的创新发展方面取得了令人瞩目的成绩。其中，在金融改革创新规则体系、跨境人民币业务创新、外汇管理改革创新、金融服务创新几个金融改革方面的创新发展尤为明显。除此之外，广东自贸试验区在金融领域的创新发展还表现为：入驻自贸试验区的金融机构和创新型金融企业已超过 5 万家，在全国各个自贸试验区中排名第一；深圳前海片区为自己争取到了 40

条金融目录，积极开展人民币离岸业务在岸结算中心的建设；广州南沙新区片区的"南沙金融15条"获得了批准，今后可重点发展离岸金融、航运金融等特色金融产业；珠海横琴片区成功引进了澳资银行，在跨境支付结算业务和跨境融资业务的创新发展方面有所突破。

广东自贸试验区金融领域的改革通过实施"全口径"新政，打通了境内外的融资市场，减轻了自贸试验区融资困难的压力，通过进一步简化外汇资金池管理，同意中小型跨国公司对境内外成员企业资金进行统一管理的办法，促进了外汇管理方面的改革创新，增加了企业融资渠道，提高了投资便利化水平。广东自贸试验区还通过创新跨境融资的宏观审慎管理，打通了境内外两个融资市场，有效利用了境外资金，为企业的跨境融资创造了条件。①

在鼓励自贸试验区资金"引进来"和"走出去"方面，广东自贸试验区成绩斐然，主要体现在深圳前海片区获得合格境内投资企业（QDIE）境外投资和合格境外有限合伙人（QFLP）股权投资试点资格的数量上和试点的发展规模上。

（二）广东三大自贸片区金融开放创新的亮点

1. 深圳前海片区

广东自贸试验区深圳前海片区开展金融开放创新的亮点有：

（1）落地广东自贸试验区首单银行间同业熊猫债。

（2）全国范围内首创跨境碳资产的回购融资业务。

（3）发行广东自贸试验区第一批租赁资产证券化产品。

（4）落地全国首单外债宏观审慎管理试点业务。

（5）成立全国第一家混合所有制的独立再保险公司。

（6）成立全国第一家《内地与香港关于建立更紧密经贸关系的安排》框架下港资控股公募基金公司。

2. 广州南沙新区片区

广东自贸试验区广州南沙新区片区开展金融开放创新的亮点有：

（1）发行自贸试验区首只交易所市场公募熊猫债。

（2）金融企业和金融法人机构的数量迅速增加。

---

① 叶敏亮：《中国广东自贸试验区金融改革设想》，硕士学位论文，吉林大学经济学院2016，第10-15页。

（3）推出全国首个跨境资产代客衍生品综合交易业务。

（4）跨境人民币贷款业务和跨境双向人民币资金池结算业务发展迅速。

（5）引进摩根大通期货、国华军民融合发展基金等多个重大金融项目。

3.珠海横琴新区片区

广东自贸试验区珠海横琴新区片区开展金融开放创新的亮点有：

（1）全国首发银联标准多币种卡。

（2）全国首笔办理贸易融资资产跨境转让业务。

（3）全国范围内率先开展本外币兑换特许机构刷卡兑换业务。

（4）赴港发行国内首只非上市城投类企业离岸人民币债券。

（5）成为全国范围内率先开展外资企业资本金意愿结汇的试点地区。

（6）积极推行企业外汇登记业务下放银行办理政策。

（7）创新开展区内企业对境外放款额度上调试点。

二、广东自贸试验区金融领域开放创新发展建议

（一）借鉴上海自贸试验区金融领域发展的经验

上海自贸试验区在进行金融领域的创新发展过程中，制定了一系列开放创新、勇于探索的政策制度和举措，建立了许多涉及金融行业核心领域改革的先行先试机制。例如，利率市场化、人民币国际化、金融市场开放、资本项目可兑换等创新机制。上海自贸试验区在施行每一项金融领域开放创新举措的同时，十分注重防范新的金融举措可能带来的金融风险，通过采用信息共享的金融综合监管模式，相关部门之间合作开展跨境资金流动监测与应急协调工作，有效提高了上海自贸试验区金融监管和风险防控的能力。上海自贸试验区在金融领域推出的极具创新性和代表性的业务模式值得广东自贸试验区学习借鉴。

（二）打造金融开放的新格局

广东自贸试验区需要打造金融开放的新格局，即"一体两翼"和"一体三翼"协同发展的格局。①"一体两翼"格局的概念为："一体"是深圳前海蛇口片区，"两翼"则是广州南沙新区片区和珠海横琴新区片区。②"一

体三翼"开放格局的概念是将整个自贸试验区当一个有机体，形成三个片区之间的联动、互动和互助这一良性的"三翼"。打造"一体两翼"开放格局的思路是扩大自贸试验区金融领域对内对外的开放范围，提高开放水平。设计"一体三翼"开放格局的思路是避免三个片区在金融开放创新的过程中受到同质化竞争和消耗的影响，"一体三翼"发展格局的建立需要考虑三个片区经济发展的基础和发展的特点，这一格局一旦形成将极大地提高自贸试验区金融开放的效率。③为了保障这两个格局能够齐头并进，共同发展，自贸试验区要坚持市场化、法治化、科技化和国际化的发展原则，并从政策、监管、组织和法规四个方面入手，建立系统性保障机制。

（三）创新金融监管模式

在构建新的金融监管模式上，广东自贸试验区应坚持使用信息化和科技化的技术，构建高水平的信息化、科技化金融监管体系。同时，广东自贸试验区还要采用监管联动模式，建立监管协同机制，这两项操作主要是为了加强不同部门之间的信息共享和监管合作，提高整个领域的监管效率。需要注意的是广东自贸试验区不仅要加强省内部门之间的信息共享和工作互动，还要发展粤港澳地区部门之间的协同监管操作，最终实现在商品监管、市场主体监管、消费者权益保护、反洗钱、反恐怖融资等方面的信息共享和管理合作。

除此之外，广东自贸试验区在创新金融监管模式方面还可以借鉴香港的"监管沙盒"运作模式，先鼓励发展金融领域的开放创新，然后再探索金融创新需要的监管模式和合作方法，并建立相应的金融风险监测信息系统和评估机制。

（四）提升金融业开放水平

广东自贸试验区要扩大金融领域的开放范围，提升金融业的开放水平，以吸引金融机构入驻自贸试验区，促进金融要素聚集在自贸试验区，具体的改革创新措施有以下几点。

1.鼓励民营资本参与金融市场

广东自贸试验区应大力引导民营资本进入金融市场，参与金融市场的活动，允许民营资本在自己承担金融风险的情况下设立金融服务公司、民营银行和消费金融公司等金融机构。

2. 支持新型保险组织的设立

广东自贸试验区应大力支持新型保险组织以及能为保险行业发展提供专业、配套服务的保险服务机构的设立。常见的新型保险组织有自保公司、相互制保险公司、保险资产管理公司、中外资再保险机构、保险资金运用中心等。

3. 施行外资金融服务业负面清单管理模式

广东自贸试验区应积极探索施行外资金融服务业的负面清单管理模式，允许其他国家或地区的国际性金融组织或机构在自贸试验区设立全国性乃至国际性的管理总部、资金运营和业务运营总部，进一步放宽香港、澳门地区的金融机构在自贸试验区内设立法人机构的必要条件。

4. 深化证券市场合作，推动资本市场对外开放

广东自贸试验区应发挥"深港通"平台的优势，继续扩大和深化境内外证券市场的合作，推动资本市场进一步对外开放；推动深交所加入金砖国家交易所联盟，升级交易所联盟为交易联盟，扩大交易所业务范围。

（五）发展金融业的服务功能

广东自贸试验区应进一步发展金融业的服务功能，提高自贸试验区金融创新的能力，具体可从以下几个方面入手：

1. 拓展离岸账户的功能

广东自贸试验区应积极拓展离岸账户（OSA）的人民币账户功能，允许自贸试验区内以下个人或机构开设 OSA 人民币账户：

（1）符合条件的个人或企业。

（2）持有离岸业务牌照的中资银行、港资银行以及这两类银行的分支机构。

（3）经自贸试验区管委会批准的其他类型的中资银行及其分支机构。

广东自贸试验区在发展离岸人民币账户功能的同时，应加快发展离岸贸易的结算业务，大力发展以制造业为中心的结算产业链，建设国际资金枢纽，促进境内外资金的有效流动；吸引来自境内、境外机构、部门的总部以及大型企业集团到自贸试验区设立结算中心，发展跨国企业或集团的财务结算和全球销售结算业务。

2. 加强金融基础设施建设

广东自贸试验区要加强金融基础设施建设，在自贸试验区内设立资金托

管与结算中心,与上海清算所以及中央相关方面的公司合作提升自贸试验区在跨境金融业务上的数据监测能力、数据处理能力和数据运行保障能力;支持区内物业项目在境外进行基础设施建设,开展能源、资源推广合作,开展境外房地产信托投资基金(REITs)上市试点建设。

3.为科技创新型企业提供金融服务

广东自贸试验区可以通过开展商业银行投贷联动业务试点建设为科技创新型企业提供独特的金融服务,其主要操作方法是具有试点资格的商业银行将股权投资业务和信贷投放业务连在一起办理。

4.完善 QFLP 和 QDIE 业务试点建设

广东自贸试验区应继续完善外商投资股权投资(QFLP)和合格境内投资者境外投资(QDIE)试点的建设,为境内投资者的对外投资以及境外投资者在自贸试验区内的投资创造机遇与条件。

5.融合发展文化产业和金融产业

广东自贸试验区应依托当地的文化优势,加快推进文化产业与金融产业的深层次融合,将自贸试验区打造为文化金融合作发展的示范区。文化产业和金融产业互相融合之后可以发展的产业类型包括文化投资基金产业、文化信托产业、文化融资租赁产业等。

(六)创新跨境人民币业务

广东自贸试验区应继续创新发展跨境人民币业务,进一步扩大跨境人民币的使用数量和使用范围;鼓励和推动各类市场主体使用人民币跨境结算,为市场主体提供使用人民币消费的机会,如在深圳前海蛇口片区和珠海横琴新区片区的生活消费区域建设双币种标价、人民币结算的试点;同时,支持各企业集团开展内部的人民币资金调剂业务、归集业务,支持自贸试验区内符合条件的港资、澳资非金融机构使用第三方支付业务,支持自贸试验区内租赁机构开展跨境双向人民币资金池业务、人民币租赁资产跨境转让业务;除此之外,继续合理有序地推进人民币资本项目可兑换的发展,研究建设个人、企业和金融机构的人民币跨境投融资业务的创新试点,创新资本项下的外汇额度管理和跨境流动资金的轧差管理。

（七）创新区域金融合作

广东自贸试验区应进一步开展与其他地区的金融合作创新，如利用毗邻港澳的地理优势，加强与港澳金融领域的合作；利用毗邻东南亚的位置优势，发展国际金融服务领域的合作。在与港澳金融领域的合作中，自贸试验区主要应加强在金融产品、金融市场、金融风险和金融人才业务方面的优势互补和创新合作。合作采用的方式是放宽对港澳投资者或金融机构进入自贸试验区的条件限制，连通粤港澳的金融市场，开展区域之间的合作业务创新。例如，继续推动自贸试验区对港澳金融服务业的扩大开放，放宽港澳投资者在自贸试验区设立金融机构的标准条件，放宽对自贸试验区内港资、澳资银行开展人民币业务的限制。除此之外，自贸试验区还可以通过以下举措加强与港澳地区金融领域的合作：

（1）引进港澳资金组建合资证券、基金公司。

（2）创新跨境保险业务，打造三个地区之间资金流通、产品通行的发展局面。

（3）支持自贸试验区内有条件的企业在香港股票市场尝试发行人民币股票。

（4）支持自贸试验区内符合条件的金融机构与香港、澳门地区共同开展跨境人民币信贷资产转让业务。

（5）大力发展公共服务领域的移动金融业务和金融IC卡业务，方便粤港澳居民的往来支付活动。

而要发展与国际金融领域的创新合作，则可以通过建设国际金融中心、加强与海外金融服务机构的联系等方式来实现，具体的操作方法包括：

（1）加快建设前海碳排放交易所、前海联合交易所、前海国际金融资产交易中心，以及广东国际金融资产交易中心等各种要素交易中心或平台，规定平台建设的国际化发展方向。

（2）通过建设中英金融科技城、中欧金融科技城以及深港基金小镇，打造自贸试验区金融机构与海外金融机构合作的通道，同时促进前海联合交易所与伦敦交易所开展闭环交易业务。

（3）探索创建国际性金融合作组织，并以此连接境内与境外的金融市场，接触不同的监管规则，然后充分整理和利用境内外的资本、人才和机构等要素，共同推进自贸试验区金融领域的创新发展，提高自贸试验区金融产业的国际影响力和竞争力。

（4）打通自贸试验区与东南亚以及世界主要经济体的投融资渠道，强化区域性离岸人民币的枢纽地位。

第三节　广东自贸试验区税收政策和管理制度的创新发展

广东自贸试验区在建设的过程中着眼于自身政策和制度的调整，积累了较多的有效经验，收获了丰富的改革创新成果，尤其在税收政策和管理制度的探索创新上不断实现突破，多项制度、政策在全省、全国范围内复制推广，还有部分制度创新案例入选了自贸试验区建设的全国最佳实践案例。

一、广东自贸试验区税收政策的创新发展

（一）广东自贸试验区税收体制机制的创新发展

对于大部分商家企业和高端优秀人才来说，良好的税收政策是吸引他们投资入驻的重要因素之一。广东自贸试验区为了吸引投资，给自贸试验区内的市场主体创建了优质的营商投资环境，不断创新税收体制机制。举例如下：

深圳前海蛇口片区对区内的物流企业采用按差额征税的办法，对部分符合产业目录条件的企业按 15% 的税率征收企业所得税。

珠海横琴新区片区入驻的企业也施行税收优惠政策，企业入驻横琴新区片区后也可以按 15% 的税率缴纳企业所得税。基于此项税收优惠政策，横琴新区片区吸引了来自澳门的商家企业，这些企业通过参与土地招投标、政府推介入驻粤澳合作建设的产业园等形式进驻了横琴新区片区。

广州南沙新区片区不仅通过优惠的税收政策吸引了大量企业入驻，还吸引了来自港澳地区的优秀人才。根据南沙片区的发展规划，到 2025 年，南沙片区的营商环境应与港澳地区乃至国际水平接轨。而要使营商环境达到这

一水准，南沙片区必须进一步加大财税支持力度，创新税收体制机制。

为吸引港澳地区的人才，2012 年 12 月，深圳市人民政府出台了《深圳前海深港现代服务业合作区境外高端人才和紧缺人才个人所得税财政补贴暂行办法》（以下简称《办法》），《办法》规定，在前海工作、符合前海优惠类产业方向的境外高端人才和紧缺人才，其在前海缴纳的工资薪金个人所得税税额超过应纳税额 15% 的部分，由深圳市人民政府给予财政补贴。目前，前海片区和横琴片区区域中对接港澳的区域都能享受这种税收优惠政策。

（二）广东自贸试验区改善税收环境的创新政策

对于很多商家企业来说，优良的税收环境比税收优惠政策更能吸引它们。因为有些区域的税收政策虽然前期优惠力度很大，但后期的税收返还严重不足；还有一种情况就是一些区域的地方政府凭借高额税收返还的税收优惠政策吸引投资，等到企业开发入驻之后却不能兑现当初的承诺。不仅如此，一些地方政府还通过税收督察的监管方式扰乱企业的正常经营，使企业的发展受到十分不利的影响，因此企业对税收环境的谨慎选择和重视也就不难理解了。

广东自贸试验区在发展建设的过程中尤其注重为企业的经营发展创建良好的税收环境。关于改善当地税收环境，吸引企业投资发展的相关举措如下：

（1）在税收服务方面，自贸试验区的税务部门为企业建立了方便理解、操作的税收服务体系，此项服务体系显著的运营特点就是取消了之前的分批审批、前置核查的审批核查方式，实行税务专业化的集中审批和先审批再核查、审批工作和核查工作分开进行的工作方式。同时，自贸试验区的税务部门大力提倡企业网上办理税收业务，很多税收服务，如纳税咨询、涉税事项办理进展查询都可以在线办理。网上办理税收业务还有一个好处，就是为实现不同区域之间的税务通办提供了可能性。

（2）在税收征管方面，自贸试验区的税务部门为进一步提高税收征管的效率和税收管理的水平，为企业的经营活动打造公平竞争、可持续发展的税收环境，主要采取了两方面的措施：一是建立了税收征管的现代化试点，二是充分运用自贸试验区的税收信息系统和监管信息共享平台开展了税收征管方面的风险监测和风险预警。

（三）广东自贸试验区税收管理服务的创新举措

为了打造广东自贸试验区税收管理服务的创新高地，让珠海横琴新区片区和广州南沙新区片区的纳税企业及纳税个人享受国际高标准的、快速便捷的税收管理服务，广东省国税局特地出台了十二项具有特色的税收服务措施。这十二项税收领域的创新改革措施也称"自贸税易通"，包括"三易、三快、三优、三联"，见表6-1。

表6-1 "自贸税易通"十二项创新税收服务措施

序 号	简 称	创新税收服务措施
1		全天易自助办税服务
2	"三易"	开票易电子发票服务
3		提供随身易电子办税服务
4		快速办理税收优惠
5	"三快"	快速办理涉外业务
6		快速办理出口退（免）税
7		优化税收政策辅导
8	"三优"	优化涉税事项办理
9		优化票证领用手续
10		纳税信用联合共建
11	"三联"	税务登记联合赋码
12		粤港澳税收联合互动

二、广东自贸试验区管理制度的创新发展

（一）广东自贸试验区管理制度的国际化发展思路

广东自贸试验区设置的制度创新要求就是自贸试验区的制度要向着国际化的发展方向进行开拓创新，通过与国际制度的接轨实现对国际投资、国际优质资源的引入，最终形成世界一流标准的投资和营商环境，并为全国其他地区自贸试验区的制度创新提供经验。

1.利用现代信息技术，建立国际贸易"单一窗口"

广东自贸试验区建立国际贸易"单一窗口"离不开对现代信息技术的应用，因为国际贸易"单一窗口"建立的原则就是使企业只通过一个平台就能办理多项业务，所有办理业务需要的材料只需要递交一次，且业务办理的标准是统一、不能修改的。为更好地满足通关企业的各类口岸业务需求，目前平台已通过不断更新的技术上线运行了"单一窗口"的2.0版，联合商务、海关、港务、检验检疫等20多个部门开发了18个功能模块，如跨境电商、货物申报、物流动态等。这一版单一窗口的应用满足了海、陆、空等各类口岸的各种业务需求，深圳前海蛇口片区还推出了独具特色的"全球中心仓项目"，创新实现了保税货物和非保税货物的同仓存储和调拨。

2.利用现代互联网技术，推进通关模式改革

广东自贸试验区应利用现代互联网技术，推进智能化、现代化通关模式改革。一是通过建立"互联网＋易通关"系统，实行企业自助报关、自助缴费、互动查验等业务创新，减少商品货物的进出关时间，提高企业的进出关效率。二是建立"智检口岸"信息化监管和服务平台，推动商品货物的全程电子化检验检疫，全方位地实施智能化通关通检。三是采用"先通关再查验"的海事通关新模式，全力建设"智慧海事"平台。先收集各类海事信息对船舶代理公司的信用有所了解，再通过施行船舶进出口岸的预申报等制度，尽早实现载有集装箱等大型商品货物船舶的随靠随卸。

3.通过现代技术和平台，建立全球质量溯源体系

广东自贸试验区应通过现代化的技术和公共服务平台，率先建立起全球质量溯源体系。建立全球质量溯源体系的主要目的是实现对口岸进出口商品的"来源明晰、去向可查"的全流程、全链条的闭环式监管，转变以往由政府单一监管部门监管的模式，邀请企业和消费者对商品进行共同监管。建立全球质量溯源体系是十分必要且有一定难度的，需要一定的技术支撑，其中必不可少的技术服务包括溯源码标识技术、质量溯源查询系统、"智检口岸"公共技术服务平台等方面的内容。

（二）广东自贸试验区投资管理制度的创新发展

随着中国国际地位的提高和经济的快速发展，中国已逐渐发展成为全球

资本的主要流动国家。无论是对外投资的数量还是吸引外资的金额，都在迅速增长。为了管理日渐壮大的资本进出，创建服务便利、监管有效的投资环境，广东自贸试验区对自贸试验区内的投资管理制度进行了创新。[①]

1. 负面清单管理模式

广东自贸试验区的负面清单管理模式主要包括两方面的内容：一是对外商投资的企业施行"准入前国民待遇＋负面清单"的管理模式；二是针对国内内资企业的投资项目开设负面清单管理模式的试点。广东自贸试验区的负面清单管理模式既保障了外商投资企业的合法权益，又激发了国内投资企业的创新活力。对外商企业和内资企业投资负面清单上未涉及的行业，自贸试验区将原来的核准制改为备案制，这一改动参考了国际上通行的外资准入模式，大大提高了外资企业办理注册的效率，简化了内资企业投资项目的审批手续，具有推动市场主体自发探索市场边界、倒逼政府相关部门提高市场经济管理能力的效果。

2. 商事登记制度改革

广东自贸试验区为推动市场经济的发展，激发市场主体的创新创业活力，积极推进商事登记制度的便利化改革。广东自贸试验区为此推行的改革创新措施有以下三个方面的内容：一是"三证合一、一照一码"企业登记制度的改革；二是"一门式、一网式"政府服务模式的建立；三是商事登记网络范围的拓展。"三证合一、一照一码"制度改变了原来商事登记程序复杂，需要花费大量时间精力的问题，实现了企业登记注册与相关管理部门在证照办理方面的"二十证六章"联办，新注册的企业只需要往返办理窗口两次就能在一两天内办好所有手续。而"一门式、一网式"服务模式的创新则提高了政府部门服务的效率，节约了企业办理相关业务的时间和精力。拓展商事登记的网络范围更是创造性地开展了工商登记的异地协同办理，使商事登记的服务范围实现了跨省、跨区域、跨国家。目前，广东自贸试验区办理此类业务所需要的平均时间为3天，已接近国际先进自贸试验区的水平。

3. "证照分离"改革创新

根据灵活管制、加强事中事后监管的原则，广东自贸试验区积极进行商

---

① 张钰莹：《广东自贸区贸易投资便利化研究——以南沙片区为例》，硕士学位论文，广东外语外贸大学国际经济贸易学院，2016，第1-5页。

事登记制度的改革创新，为新生企业进入市场提供了便利条件。企业在办理完商事登记业务之后，还面临着商事登记后置许可证办理困难的问题。要解决这一问题，就要优化商事登记的后置审批事项。广东自贸试验区选择了部分企业反映诉求突出、审批频次较多且符合区内重点产业发展需求的商事登记后置审批事项，开设了证照分离业务的改革试点，通过严格准入、取消审批等方式进行分类改革。在改革的过程中，自贸试验区管理部门鼓励各片区根据片区的实际情况和发展特色进行创新，各个片区分别取得了令人瞩目的成绩。

（三）广东自贸试验区行政管理制度的创新发展

广东自贸试验区根据转变管理模式给市场松绑和转变管理职能促进市场发展的原则，在完善自贸试验区内市场发展功能的同时，不断自我反思，通过创新行政管理制度的方式提高政府部门的管理能力。其主要的创新措施如图 6-2 所示。

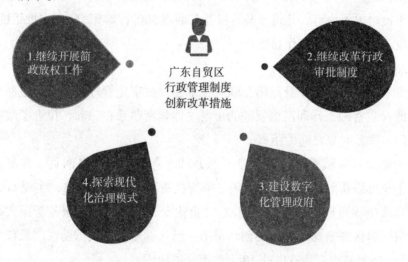

图 6-2 广东自贸试验区行政管理制度创新改革措施

1.继续开展简政放权工作

广东自贸试验区秉持权力职能"应放尽放"的原则，继续开展简政放权工作，下沉政府管理权限，提高了自贸试验区各片区进行管理体制创新的积极性和自主性。通过管理权限的下放和委托实施，企业大大节省了办理相关事项的时间，企业的经营活力因此被激发。对于政府部门来说，权力的下放使各级政府的管理权限变得更加清晰、有条理，政府能更加专注于当前的工作。

2. 继续改革行政审批制度

广东自贸试验区在办理项目审批所需要的时间大幅度缩短的基础上，继续推进行政审批制度的改革创新。此次改革创新的重点在于集中综合审批模式的改革和行政审批标准化改革两个方面。

集中综合审批模式的改革通过实施"即审即办""容缺审批"等便利化行政措施，将审批时限进一步压缩到原来的50%以下。三大片区在集中综合审批模式的改革过程中各有侧重点。例如，珠海横琴新区片区为社会投资类建设工程首次设立了集中审批的平台，使整个报建的运作周期缩短到原来的60%，企业降低了3%的成本，合计金额折合人民币2亿元以上。

而行政审批标准化改革则是依据"细化裁量标准、实现量权限权"的改革原则，制定并发布审批事项的标准，明确审批过程中的审批条件、审批依据、审批时限等内容，并将涉及审批业务的近500个事项固化在审批系统中，运用电子化手段进行运作和监督。

3. 建设数字化管理政府

广东自贸试验区积极运用互联网技术建设数字化管理政府，通过网络把政府的行政管理工作和需要服务的市场主体紧密联系在一起，拉近了政府管理部门与服务对象之间的距离。

一是为自贸试验区内的企业开通办理服务事项的专属网页。在专属网上，企业可以获取最新的贸易政策、办理投资项目审批等业务，实现60%以上的行政事项可以在网上办理完成。"企业专属网页"行政服务新模式是广东自贸试验区在全国范围内的创新举措，已入选全国自贸试验区"最佳实践案例"，并复制推广到省内的10个地市开展使用。

二是建立信息共享的大数据平台。大数据平台项目是第一批接入全省"数字政府"建设的云平台项目。大数据平台建设的目的是为了解决之前企业的数据分散、管理部门不能全面掌握企业发展情况的问题。目前，大数据平台项目的建设由数据开放项目、统计分析系统项目、大数据应用平台等项目的建设共同组成，已初步实现各个政府服务、监管部门之间的企业数据共享。

三是探索建立大数据政务发展新模式。例如，深圳前海蛇口片区利用三维数字化信息技术，开展了城市级基础设施建筑信息模型应用，打造新型智慧城市示范功能区，获得了全球范围内的基础设施创新奖项。广州南沙新区片区研究创建了警务服务的新模式——微警。这种模式考虑到当代人们的在线沟通方式和经常上网的生活习惯，通过在社交软件微信上签发身份证"网证"，形成了"互联网＋可信身份认证"的全面警务服务覆盖"微警"荣获了 2017 年度中国"互联网＋"最佳服务政务机构奖。

4. 探索现代化治理模式

广东自贸试验区不断探索现代化的治理模式，以实现政府的职能转变，为自贸试验区内的市场主体创建良好的营商环境和生活居住环境。广东自贸试验区创新现代化治理模式的举措如图 6-3 所示。

1　探索政府管理经济的新模式

2　探索建立统一的行政执法机构和体系

3　探索开展与外部资源合作的执法联动

4　探索建立体现行政工作廉洁作风的示范区

图 6-3　广东自贸试验区创新现代化治理模式的举措

探索政府管理经济的新模式，是为了调整政府的职能，以更好地服务经济的发展；探索建立统一的行政执法机构和体系，是为了集中行使审批管理权限以及其他相关的监督权力和行政强制权，推动政府工作人员前往一线开展工作；探索开展与外部资源合作的执法联动，是为了加强执法工作的有效衔接；探索建立体现行政工作廉洁作风的示范区，是为了更好地监督政府部门的服务工作，建立联合防腐的监督格局。

第七章 天津自贸试验区的发展与创新实践

第一节 天津自贸试验区的成立与发展思路

一、天津自贸试验区的成立

（一）天津自贸试验区成立的背景和机遇

1.天津自贸试验区成立的背景

（1）全球经济环境发展趋势。2008年美国经济危机过后，世界经济发展呈现低迷状态，经过各个国家和地区的共同努力，世界经济发展的形势出现好转，同时，全球经济环境的发展出现新的趋势。全球经济环境发展的趋势主要有三个方面的表现：一是经济增长缓慢，增长格局不断变化；二是全球贸易的增长速度下降，呈现低速增长态势；三是区域经济的一体化进程加快。

全球经济增长缓慢的表现在于由于全球范围内的经济活动普遍发展的势头较弱，世界银行等各类国际组织和机构不断下调世界经济的增长预期。全球经济增长格局的变化则表现为世界各地的经济恢复发展情况不同，其中美国因为重视实体经济的发展，经济的恢复表现出较强的韧性，呈现出先抑后扬的发展态势，其国内生产总值（GDP）也从开始的下降趋势变成逐步上升的趋势；欧元区由于投资问题和出口问题未能有效解决，经济发展呈现停滞状态；新兴经济体受到金融动荡产生的不利影响，经济发展缓慢，经济增长普遍疲软。

全球贸易的低速增长趋势则主要是因为全球范围内的经济萧条。全球贸易增速下降的具体原因包括：①各种贸易保护措施的设置制约了地区之间的贸易往来；②地缘政治的发展影响了相关国家的贸易往来；③美国再工业化政策和新兴产业的发展，减少了国家的进口业务，降低了贸易逆差；④发展中国家内需下降，进口减少，投资回落。

自20世纪90年代以来，区域经济一体化逐渐成为世界经济发展的明显特征，呈现出多边化发展的态势，主要体现在以美国为首的众多发达国家的战略规划之中。

（2）国内经济环境发展状态。在改革开放后到2008年经济危机开始之前，中国国内的经济保持着高速发展的良好态势。这主要是因为国家政策、海外投资、低要素成本等积极因素的支持。自2008年经济危机之后，这些有利要素逐渐失去了原来的促进作用，导致经济发展的"旧常态"被打破，中国的经济发展步入新常态。步入新常态后中国经济发展的主要特征表现为：

①中国经济增长的速度减慢，但与发达国家相比，仍然处在较高的水平，不过产能过剩的问题越来越明显；

②中国经济增长的模式和推动经济增长的动力发生了一些变化；

③中国经济发展的结构发生了变化，如投资的比重越来越低，服务业比重逐渐增加。

2. 天津自贸试验区成立的机遇

（1）自贸试验区建设战略机遇。自改革开放以来，中国的经济发展取得了世人瞩目的成就，为今后发展奠定了较为坚实的基础。从整体上来看，中国的改革开放分为四个阶段：

第一阶段为20世纪70年代末至80年代，中国通过设立五大经济特区和全国首批开放城市开始了全面的对外开放的进程。

第二阶段为20世纪90年代，中国在此阶段开始设立海关特殊监管区，截至当前，中国已建成超过100个海关特殊监管区域，基本涵盖了内陆地区以及沿海、沿边、沿江地区的中心城市和重要港口。

第三阶段的始于 2001 年，2001 年中国加入了世界贸易组织，这一举措推动了国内相关领域的改革和发展。但是在发展了 10 多年以后，中国能享受到的因为加入世界贸易组织而得到的红利正在逐渐消失。

2013 年 3 月，李克强总理在调研考察上海外高桥保税区时，表示支持上海探索建立一个自贸试验区，进一步扩大开放的范围和领域，促进经济发展。5 个月后，国务院正式批准设立上海自贸试验区。上海自贸试验区的成立是中国加入世界贸易组织之后的又一重大举措，标志着中国的改革开放进入了一个新的阶段。

（2）京津冀协同发展机遇。北京、天津和河北三地组成了京津冀地区。中国的"十二五"规划提出，京津冀地区要围绕区域经济的一体化发展，以北京为首打造"首都经济圈"；随后中央站在国家发展的战略高度，提出了京津冀协同发展的战略举措。尤其是 2013 年到 2014 年，习近平同志曾多次提出要加强京津冀地区的区域合作，推动京津冀地区的协同发展，要转换以往只考虑各自发展的思维模式，通过密切的联系与合作向着最顶层的目标前进，同时，要充分发挥环渤海地区经济合作发展协调机制的作用。

从现实发展的条件上看，北京、天津、河北地区在历史上就一直保持着特殊、亲密的关系，如今在经济社会发展方面也具有三个方面的主要特征，即梯次性、互补性和共生性。以上发展条件打下了京津冀地区合理分配要素、实现区域协同发展的基础。

梯次性的含义是不同地区之间经济社会的发展水平不一，存在一定的差距，能为产业的转移和地区的互利共赢创造前提条件。例如，从人均收入水平上看，按照世界银行对国家收入分组的标准，北京和天津地区已达到发达国家的收入水平，但河北省很多城市的人均收入水平只能算是中等。从互补性分析，京津冀地区具有的产业要素禀赋各有特点。北京市的文化教育事业、高新技术产业发达；天津市则在航运、物流和制造业方面发展突出；河北省拥有土地、劳动力等资源优势，生物医药、大数据、物联网是其重点发展的产业。加强京津冀的合作将实现资源的有效互补，实现区域的共同发展。从共生性角度分析，京津冀地区的发展面临共同的问题，如空气污染、水资源紧缺等问题，区域之间需要相互依存，共同合作，坚定有序地推进整个区域的健康发展。

（二）天津自贸试验区的正式成立

2007 年天津东疆保税港区一期封关后，天津就将建设自由贸易港区作为未来发展方向，并提上重要的议事日程。2008 年 3 月，国务院批复的《天津滨海新区综合配套改革试验总体方案》明确指示，东疆保税港区在条件成熟的时候，可以进行建立自由贸易港区的改革探索，为天津建设自贸试验区开辟途径。到 2011 年，国务院批复了《天津北方国际航运中心核心功能区建设方案》，再次强调了在天津东疆保税港区进行自由贸易港区改革探索的目标。2012 年天津市委十届二次会议以及 2013 年年初天津市进一步推进滨海新区开发开放的十项措施，都把自贸试验区的建设列为 2013 年天津市的重点工作。

2015 年 4 月，天津自贸试验区在经过两年多的准备工作之后，终于正式挂牌成立。天津自贸试验区从此将在加快政府部门职能转变、扩大投资开放领域、促进金融行业开放创新、推动贸易转型升级和京津冀的协同发展五个方面展开探索试验。天津自贸试验区成立时间线路如图 7-1 所示。

天津自贸试验区规划面积 119.9 平方千米（包括 16.96 平方千米的海关特殊监管区），约占天津区域面积的 1%。天津自贸试验区共设有三个功能区：①天津港片区，面积约 30 平方千米；②天津机场片区，面积约 43.1 平方千米；③滨海新区中心商务区，面积约 46.8 平方千米。

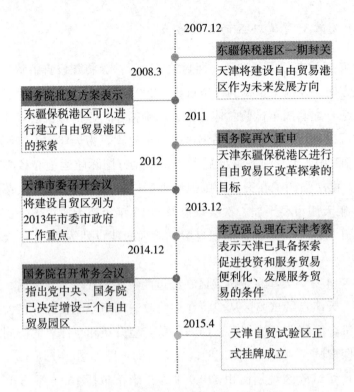

图 7-1　天津自贸试验区成立时间线路

二、天津自贸试验区的发展思路

（一）总体目标

天津自贸试验区在成立之初建设发展的总体目标是：

经过三至五年探索改革，将自贸试验区建设成为贸易自由、投资便利、高端产业集聚、金融服务高端、法制环境规范、监管高效便捷、辐射带动效应明显的国际一流自贸试验区，在京津冀协同发展和我国转型发展中发挥示范引领作用。

（二）基本原则

天津自贸试验区遵循以下基本原则：

（1）坚持扩大开放与深化改革同时进行，互相结合。根据转变政府职能，促进市场经济发展的根本要求，天津自贸试验区要深入开展行政管理体制和经济管理体制方面的改革创新，构建开放型经济新体制，建立完善的现代化市场经济体系，创建对各行各业市场主体的公正平等、公开透明的制度环境，为市场主体提供良好的服务体验，最终建成创新发展与改革开放的新高地。

（2）坚持先行先试，探索改革创新的方法途径。按照重点明确、有序推进、逐一完善、风险可控的发展方式，天津自贸试验区要在创新政府管理模式、扩大开放投资领域、深化金融行业改革、促进产业转型升级等方面积极研究探索新思路和新方法，并通过试验形成可供其他区域复制、推广的经验模式。

（3）坚持对标国际标准建设自贸试验区。天津自贸试验区要学习借鉴国际通行的自由贸易规则、多边自贸园区的政策设计和制度创新，向着投资贸易便利化、金融开放创新的方向，结合自身发展情况，创新发展政策、制度与措施，提高自贸试验区的国际竞争力和影响力，推进区域经济、全国经济与世界经济的融合发展。

（4）坚持发挥区域开放的示范引领作用。天津自贸试验区地处环渤海区域，具有面向世界的位置优势，应积极创建对外开放的国际化发展平台，通过开展区域经济合作，积极参与国际贸易的发展，推进京津冀地区在产业布局上的完善和优化，进而推动河北等地区在投资贸易、技术创新、产业升级等方面的协调发展。

（三）指导思想

全面贯彻落实党的十八大和十八届二中、三中、四中全会精神，按照党中央、国务院决策部署，紧紧围绕国家战略，以开饭促改革、促发展、促转型，以制度创新为核心，发挥市场在资源配置中的决定性作用，探索转变政府职能新途径，探索扩大开放新模式，努力打造京津冀协同发展对外开放新引擎，着力营造国家化、市场化、法治化营商环境，为我国全面深化改革和扩大开放探索新途径、积累新经验，发展示范带动、服务全国的积极作用。

（四）发展方向

天津自贸试验区的发展方向主要包括以下四个方面的内容：

（1）开展体制机制创新。创新的内容主要包括改革行政体制、转变政府职能、试点负面清单管理模式、开放创新金融领域等。

（2）开放投资领域。根据天津的经济产业基础和产业发展方向，天津自贸试验区开放金融产业、服务贸易产业，同时降低先进制造业的行业准入标准。

（3）发挥区域的辐射带动作用。天津自贸试验区通过加强区域之间的联系与合作、发展物流产业等措施带动环渤海地区和京津冀地区协同发展，逐步实现产业的优化布局和经济的转型升级。

（4）加强监督管理和防范风险的能力。天津自贸试验区针对自贸试验区全区域和区域内的海关特殊监管区域分别创新监管模式和设计监管措施。

第二节　天津自贸试验区金融领域的创新发展

天津自贸试验区在金融领域的改革创新是在参考、借鉴上海自贸试验区的创新经验，吸收上海自贸试验区优秀业务模式的基础上，充分发挥自身在航运金融等金融领域优势而逐步推进的。同时，天津自贸试验区金融领域的创新发展始终坚持以下四个基本原则：[1]

第一个原则与金融改革创新的目标有关，这不仅是天津自贸试验区的金融创新目标，也是国内所有自贸试验区金融改革创新发展的目标，即服务实体经济。近几年来，"金融服务实体经济"成为中国金融行业发展的最新思想和最终目标，也是改革开放新时期党和国家对金融工作的基本要求。天津自贸试验区在建设过程中，做到了使金融改革创新的出发点和落脚点都落在服务自贸试验区实体经济发展的目标上，尤其为自贸试验区的投资及贸易活动提供了良好的服务。因为投资贸易的便利化是自贸试验区内实体经济发展的最终追求，所以天津自贸试验区的金融改革创新时刻考虑到了投资贸易便利化的需求。

第二个原则就是瞄准国家金融改革的方向要求，使自贸试验区的金融改革创新符合国家经济形势的发展要求，不至于"走偏"。天津自贸试验区的

---

[1] 王进搏：《天津自贸区金融改革的创新与实践——基于商业银行的角度》，硕士学位论文，河北金融学院金融专业，2016，第5—15页。

金融改革没有局限于自己的区域范围内，关起门来自己创造，而是充分符合国家整体金融制度改革的大方向和大原则，只有这样才能发挥自贸试验区先行先试"试验田"的作用，并进一步形成可以在全国范围内复制、推广的经验，进而为推动全国其他地区的金融改革贡献自己的力量。

第三个原则是自贸试验区的金融改革创新要始终考虑到市场主体和金融机构的需求，以市场组织和金融机构为主体。因为个人和企业等市场组织与金融机构是金融行业创新的载体，是承接新的金融政策、推动金融发展的核心力量。天津自贸试验区对于自贸试验区内的这些机构和主体，充分发挥了金融改革创新优惠政策制度的引导优势，引导它们积极落实优惠的政策制度，从而服务于实体经济的发展。

第四个原则是天津自贸试验区要严格防范金融创新可能带来的金融风险。如果缺乏风险防范意识，一旦创新引发风险，就会造成至少两个方面的不良后果：一是金融改革的政策实施大打折扣，不能收获预期的效果；二是影响自贸试验区建设的规划和进程。金融创新是推动自贸试验区金融行业发展的必要措施，在金融创新的过程中，自贸试验区内实施的许多政策制度都是尝试性的探索。在进行尝试探索的过程中，天津自贸试验区始终将防范可能发生的金融风险放在重要位置，采取的是在风险可检测、可控制的前提下开展的试验和创新。

在坚持以上原则的基础上，天津自贸试验区建立了金融服务实体经济的优良生态运作体系，并将优秀的改革创新经验加以复制、推广，促进了京津冀金融服务的一体化发展进程，在更大的范围内分享了政策红利。天津自贸试验区金融领域的改革创新举措有以下几个方面：

一、扩大人民币跨境使用

扩大人民币的跨境使用是天津自贸试验区金融领域改革创新的重要举措，其主要的创新业务包括：

（1）降低自贸试验区内跨国企业集团开展双向人民币资金池业务的标准要求。

（2）对自贸试验区内的企业和金融机构逐步扩大从境外借用的人民币资

金规模，并支持这些企业和金融机构在境外发行人民币债券的行为。

（3）为人民币"走出去"创造条件，允许区内企业的境外公司通过在境内发行人民币债券的方式募集资金，并根据企业的发展需要在境内外灵活使用。

（4）设计和创新面向国际发行的新型人民币金融产品，并扩大境外人民币境内投资金融产品的范围，此举也是在为境外人民币的投资回流创造条件。

二、创新发展融资租赁业

天津自贸试验区对融资租赁行业十分支持和重视，因此融资租赁产业也成了天津自贸试验区金融领域发展的优势和亮点。在针对融资租赁业的创新发展方面，天津自贸试验区研究并制订了融资租赁业的可持续发展计划，创新拓展了融资租赁业的综合服务平台功能。天津自贸试验区为促进融资租赁业快速发展的相关政策规定包括但不限于：

（1）允许自贸试验区内的租赁公司利用区内的有利要素和平台开展以人民币计价结算的跨境租赁资产交易。

（2）允许自贸试验区内的租赁公司在境外开设人民币账户并利用此账户开展跨境人民币租赁业务。

（3）允许东疆保税港区在开展无形资产租赁业务方面提前开展试验。

（4）允许设立融资租赁产业和融资租赁股权投资产业方面的基金。

（5）大力发展金融租赁的总部机构，巩固本市金融租赁行业在全国范围内的领先地位。

（6）支持区内的租赁公司充分利用大数据、互联网、云计算等信息技术提高金融管理水平和金融服务水平。

（7）发展完善金融工作的协调机制，推动租赁公司连接金融信用信息的基础数据库，以获悉最新的金融信用信息。

三、加快发展航运金融产业

天津自贸试验区在加快发展自贸试验区内的航运金融产业方面提出了以下创新思路：

（1）探索建立航运要素交易平台。

（2）支持自贸试验区内的金融机构创新推出与航运领域相关的融资、信贷等金融产品。

（3）为解决航运业融资困难的问题，可充分利用飞机租赁基金和航空、航运产业的投资基金。

（4）探索设立航运保险公司，为航空运输和海上工程建设提供完善的保险服务。

（5）支持具有离岸业务资质的商业银行在自贸试验区内推广相关离岸业务。

四、构建金融风险防控体系

天津自贸试验区在金融改革创新的进程中要特别注重防范金融风险，构建金融风险的防控体系。该防控体系的主要内容包括以下几点：

（1）为加强对重大金融风险的识别和系统性金融风险的防范，建立跨行业、跨市场的风险监测评估机制。

（2）发展完善对金融机构的分类监管机制，如按照机构持有牌照的类别分类监管。

（3）监督金融机构开展离岸业务时采用分账管理、独立核算的方式方法。

（4）研究建立跨境资金流动的风险监管机制，对市场主体的跨境收支活动展开全方位的监测评分、分类管理。

五、先行先试资本项目可兑换

天津自贸试验区利用现有的账户体系，通过自由贸易账户和其他风险可控的业务方式措施，努力推进资本项下各个项目的可兑换。其具体的措施如下：

（1）总结研究如何进一步扩大个人结汇和购汇年度总额。

（2）探索研究符合条件的境内个人投资者在境外开展投资的业务试点，允许在自贸试验区内工作并符合条件的境外个人按照相关规定开展境内投资。

（3）放宽对内保外贷项下的外债资金回流限制，提升对外债务的资金回流速度。

（4）降低跨国公司本外币资金池运营管理的进入标准，探索本外币合一的资金池业务管理模式。

（5）放宽对自贸试验区内金融机构的对外放款约束，允许提高对外放款的比例。

六、推进金融服务业的双向开放

天津自贸试验区应通过探索建立金融服务市场的负面清单制度，逐渐提高金融服务行业的开放度与透明度，从而推进金融服务业的双向开放。在具体的操作上有两点要求：

（1）放宽民营资本、港台地区投资者、外国投资者在自贸试验区设立合资或者独资银行等其他金融机构的条件限制，具体有以下几种情况：①允许同中国签署过自贸协定的国家或者地区的金融机构在自贸试验区内开设合资金融机构并适当加大其持有股份的比例；②为外国金融机构在自贸试验区内设立银行制定需要的条件或标准，符合条件的就可以与中国公司、企业共同成立中外合资银行或独自创立外商独资银行；③为民营资本在自贸试验区内从事金融服务业设定标准、条件，支持符合条件的民间资本在自贸试验区内设立中小型银行等金融机构；④开设有限牌照银行试点；⑤支持中外资本在自贸试验区内成立合资证券机构，其中证券期货类经营机构可以在自贸试验区内试点开展跨境资产管理业务。

（2）支持符合条件的中外保险公司在自贸试验区内设立分支保险机构，并开展相关业务。具体情况有：①利用各种优惠政策制度吸引中外保险机构到自贸试验区内设立分支机构或者保险法人机构；②开设外商合资或独资的养老保险机构；③研究成立科学技术类保险机构；④研究如何通过农业保险建设专属自保、相互保险等新型保险组织；⑤支持各类保险机构探索研究设立境外投资试点；⑥支持自贸试验区内的保险公司发展人民币跨境再保险业务。

七、针对京津冀产业结构调整设立基金

2016 年，天津市、滨海新区两级财政共同出资成立了注资规模达 100 亿

元的京津冀产业结构调整引导基金（以下简称"引导基金"）。该基金的存续期为 10 年，已委托天津市滨海新区建投股权投资基金管理有限公司负责主要的运营管理工作。引导基金投资决策有四个原则：①参股不控股，即持有投资公司的股票但是不参与投资公司的业务运营；②在选择投资的项目时更多考虑的是市场的需求；③在基金的日常管理工作中要体现出专业化的管理水平；④每一项资金的投资使用都公开透明，不存在隐瞒的情况。

引导基金的首期规模设立为 10 亿元，将通过若干子基金的模式投资于自贸试验区乃至天津市未来重点发展的产业，这些产业大多属于高新技术产业、能源材料产业和服务贸易业。例如，信息技术产业、航空航天产业、节能环保产业、现代服务业、新能源产业、新材料产业、生物医药产业、现代石油化工产业和现代冶金产业。

除了与基金管理机构合作设立子基金进行产业投资外，引导基金还有一项发展任务，就是积极对接并参与国家发改委牵头设立的京津冀协同发展基金与京津冀产业结构调整基金，在这项任务中，引导基金将充分发挥天津自贸试验区内金融创新的效果和优势，通过引导金融资源的优化配置，推进产业的转移对接和产业结构的转型升级；利用天津自贸试验区的金融集聚效应，带动京津冀地区乃至环渤海地区的协同发展。

八、促进京津冀金融服务一体化

为促进京津冀金融服务的一体化，天津自贸试验区应支持和鼓励来自北京和河北地区的金融机构在自贸试验区内开展跨区域的金融合作与金融协同创新。具体可采取如下措施：①吸引全国性的金融行业协会或组织入驻天津自贸试验区；②支持来自京津冀的金融机构为自贸试验区内的个人或企业提供同城化金融服务，如异地存款、支付结算和信用担保；③支持金融机构在自贸试验区设立区域总公司、子公司和发展基金投资、资产管理、互联网金融等新兴产业的事业部；④为促进区域内排污权指标的有偿分配使用，推动区域内的产业结构升级，自贸试验区应研究探索产权、技术、排污权、碳排放权四大类交易市场在自贸试验区内开展协同合作的方法途径。

第三节　天津自贸试验区与京津冀协同创新发展

天津自贸试验区在成立的时候就承担着推动京津冀地区协同创新发展、搭建高标准对外开放平台的责任使命，其先行先试的改革创新经验将在京津冀以内、天津自贸试验区以外的地区先行复制、推广。2015年4月，国务院印发了《中国（天津）自由贸易试验区总体方案》，该方案对天津自贸试验区整体的发展目标和功能定位进行了阐述说明，并十分详细地列出了天津自贸试验区推动实施京津冀协同发展战略的目标和措施，如表7-1所示。

表7-1　天津自贸试验区实施京津冀协同发展战略的目标和措施

主要任务	总体目标	具体措施
推动实施京津冀协同发展战略	发挥自贸试验区对外开放高地的综合优势，推动京津冀地区外向型经济发展，构建全方位、多层次、宽领域的区域开放型经济新格局	增强口岸服务辐射功能
		促进区域产业转型升级
		推动区域金融市场一体化
		构筑服务区域发展的科技创新和人才高地

为增强自贸试验区的服务辐射功能促进，产业的转型升级，推动金融市场的一体化进程和实现自贸试验区服务京津冀协同发展的目标，天津自贸试验区采取了以下方式方法。[①]

一、建立自贸试验区服务京津冀协同发展的工作机制

天津自贸试验区管委会制定并出台了关于天津自贸试验区促进京津冀协同发展的工作方案——《天津自贸试验区服务京津冀协同发展工作方案》，将实施"1631"（"1"即建立"一个机制"，"6"指措施"六个推动"，"3"指促进"三个一体化"，"1"则是落实"一批项目"）工程服务京津冀的协同发展。

---

① 靳曲彤：《天津自贸区对京津冀经济辐射效应研究》，硕士学位论文，河北大学经济学院，2019，第5-13页。

（一）一个机制

一个机制，即由商务部牵头，组织北京市、天津市、河北省三省市的政府建立一个具体的工作协商机制，探讨进行天津自贸试验区服务京津冀协同发展的顶层设计。

（二）六个推动

六个推动，即推动天津自贸试验区行政管理体制改革、投资体制改革、贸易便利化及贸易方式创新、金融开放创新经验在京津冀区域率先复制推广，与北京服务业扩大开放试点开展对比试验、互补试验。

（三）三个一体化

三个一体化，即天津自贸试验区要促进京津冀地区三项业务开展的一体化：金融服务与金融监管一体化、通关服务和口岸物流一体化及区域要素资源配置一体化。

（四）一批项目

一批项目，即天津自贸试验区要梳理规划出一批项目，通过项目实施的渠道推动自贸试验区更好、更有效地服务京津冀协同发展。

目前，天津自贸试验区已经分别从北京市和河北省引进多个项目、工程，其中还不包括京津冀协同发展的 400 多个项目；吸引了多家央企或相关控股公司在自贸试验区开设功能性总部，投资规模已超千亿元。同时，天津自贸试验区还积极推进在北京市开展经验推广工作，接收北京部分非首都功能的疏解工作，减轻北京市产业经济发展的压力。

除此之外，天津自贸试验区还积极开展与河北省各市的交流与合作，辐射带动当地的经济发展。例如，自贸试验区与唐山、沧州、石家庄等地签署了经济发展的战略合作协议，计划在交通设施、临港产业开发、教育、旅游和医疗等行业开展全方位合作。

二、创新驱动金融领域服务京津冀协同发展

天津自贸试验区主要通过在金融产品、金融监管和金融服务方面的创新

开展京津冀在金融行业领域的改革试验。[①] 具体措施如下:

（1）为推动京津冀在金融市场和金融监管领域的一体化，积极创建金融集成电路卡"一卡通"示范区。

（2）为减少跨区域的金融交易成本，大力支持京津冀地区的金融机构为自贸试验区内的市场主体提供同城化的综合金融服务，如异地存储、跨地区结算、金融信贷、信用担保等业务。

（3）继续加强京津冀地区金融监管部门之间的联系与沟通，打破区域限制，有计划、有条理地建立三省市之间的金融发展协作机制、金融监管协同机制及金融风险的防控联动机制，时刻关注区域性的金融风险问题，开展突发事件的应急管理合作。

三、规划建设京津冀自由贸易港

天津自贸试验区将响应自贸试验区发展方向的最新政策号召，依托背靠京津冀地区的地理位置优势，聚集综合性海空港口的优势和产业基础，积极打造自贸试验区的升级版经济开发区，规划建设京津冀自由贸易港。天津自贸试验区将分别从扩大投资开放领域、提高贸易便利化水平、加强金融开放力度、拓展国际航运功能、简化货物通关流程、方便工作人员出入等方面推进京津冀自由贸易港的建设，如图 7-2 所示。

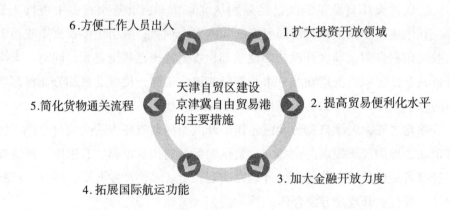

图 7-2　天津自贸试验区建设京津冀自由贸易港的主要措施

---

① 李鹏凯：《天津自贸区建设对京津冀协同发展的影响研究》,硕士学位论文,天津财经大学经济学院,2016 年。

（1）在扩大投资开放领域方面，天津自贸试验区计划进一步缩减投资负面清单上的项目，尤其是降低对服务贸易的限制，在尽可能小的范围内和能控制的区域进行改革风险和创新压力的测试。

（2）在提高贸易便利化水平方面，首先赋予自由贸易港特殊的法律地位，改变原来逐单逐票的监管方式，探索实现新的海关监管方式，如通过审计核查的方式进行监管；其次研究制定国际通行的财税优惠政策，在不影响税收基础的前提条件下，施行适应国际业务发展的税收制度。

（3）在加强金融开放力度方面，天津自贸试验区应探索建立适合京津冀自由贸易港发展的账户管理体系，大力推进人民币资本项目的可兑换业务，大力发展离岸金融。

（4）在拓展国际航运功能方面，加快建设海运快件试点，开发以转口贸易、离岸贸易为重点的贸易枢纽功能。

（5）在简化货物通关流程方面，天津自贸试验区计划简化商品货物的检疫检验程序步骤，缩短货物通关时间，将自由贸易港打造为国际中转的集拼枢纽，将天津打造成中欧班列综合发展系统中重要的一员。

（6）在方便工作人员出入方面，为提升自贸试验区内专业人员出入境的便利化，方便外籍人才进出自由贸易港开展商务活动，对在自由贸易港内企业内部已注册的专业人员、商务人员的出入境活动要求进行改革创新。

同时，在建设京津冀自由贸易港的探索之中，天津和河北地区的港口如何实现"境内关外"的互联互通是十分重要且关键的一个方面。为此，天津自贸试验区积极落实了《加快推进津冀港口协同发展工作方案（2017—2020年）》。2018年4月，载有30多辆平行进口汽车的"鸭绿江"轮从天津自贸试验区天津港东疆片区出发，最后顺利到达曹妃甸综合保税区码头。这标志着天津港与曹妃甸港之间的第一条外贸集装箱班轮航线开始正式运营，这一举动是天津自贸试验区功能向河北港口延伸的重要突破，也为天津自贸试验区建设京津冀自由贸易港做出了有益探索。

天津港到曹妃甸综合保税区码头的航线开通之后，来往于此航线的商品货物就可以享受天津自贸试验区、综合保税区、保税港区等多个地区多重优惠政策，促进了两地之间货物的自由、顺畅通行，在天津与河北地区的港口之间形成了"境内关外"的互联互通，为外贸企业跨境业务的开展提供了便利。除此之外，它还强化了天津港集装箱干线枢纽港的地位，促进了天津与河北地区的协同发展，使港口的功能由航运运输向航运、物流、金融、贸易复合型产业业态转型发展，推动建成世界一流的港口群。该港口群应以天津港为核心，以河北港口为两翼，具有功能上互补、布局上合理且安全环保、运作高效的特点。

四、通过服务协同发展推动雄安新区建设

设立雄安新区是国家为推进京津冀协同发展而做出的重大决策部署，此举对于疏解北京的非首都功能、探索人口经济密集地区开发新模式、调整京津冀的城市布局与优化京津冀的空间结构、开发创新驱动发展的新引擎具有重大的现实意义和深远的历史意义。天津自贸试验区作为改革开放新时期的沿海开放先驱，应尽快建立连接北京、河北地区与雄安新区之间的交通设施网络，通过认真工作、密切合作促进区域间的融合发展，推进雄安新区的规划建设。

围绕服务京津冀协同发展推动雄安新区的建设工作，天津自贸试验区应努力发挥好以下四个方面的作用，如图7-3所示。

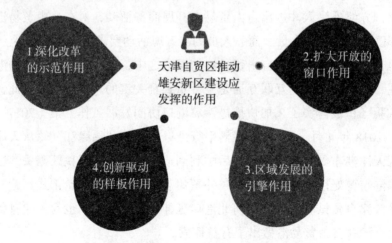

图7-3　天津自贸试验区推动雄安新区建设应发挥的作用

（一）深化改革的示范作用

天津自贸试验区应继续发挥改革开放与制度创新的"试验田"的作用，

优化营商环境，完善市场运行机制，为京津冀地区乃至全国的开放发展积累创新经验。

（二）扩大开放的窗口作用

扩大开放领域和开放范围是有效疏解北京的非首都功能，促进北京、天津、河北地区协同发展的重要动力。天津自贸试验区地处环渤海经济带，也是亚欧大陆桥最近的东部起点，腹地经济辐射区域达 500 万平方千米，独具以合作促协同、以开放促发展的区位和功能优势，因此有条件构建开放型经济新体制。

（三）区域发展的引擎作用

天津自贸试验区应坚持发展以先进制造业为核心的实体经济，推动自贸试验区产业发展的集群化、高端化和链条化，发挥天津自贸试验区在区域产业转型升级中的良好示范作用和引擎作用，努力将天津自贸试验区打造为金融改革创新的示范区、北方国际航运的核心区及国家先进制造业的研发基地。

（四）创新驱动的样板作用

天津自贸试验区要充分发挥改革创新激发市场行为主体活力、经营行为动力和企业发展竞争力的作用，促进自贸试验区创新项目与生产力的对接、创新成果与产业的对接、创新科技与经济发展的对接。

参考文献

[1] 福建自贸试验区领导小组办公室，福建自贸区发展研究中心，毕马威企业咨询（中国）有限公司.福建自贸试验区创新实践探索（2016）[M].福州：福建人民出版社，2016.

[2] 张燕生.国际视野下的中国对外开放 [M].广州：广东经济出版社，2019.

[3] 上海财经大学自由贸易区研究院，上海发展研究院.全球自贸区发展研究及借鉴 [M].上海：格致出版社，2015.

[4] 林雄.中国自贸区建设与国际经验 [M].广州：中山大学出版社，2016.

[5] 孟昊，郭红.现代金融产业集群演化研究：兼论滨海新区金融产业发展策略 [M].天津：南开大学出版社，2018.

[6] 中国国际税收研究会.2017 中国开放型经济税收发展研究报告 [M].北京：中国税务出版社，2018.

[7] 李善民.中国自由贸易试验区发展蓝皮书（2017–2018）[M].广州：中山大学出版社，2018.

[8] 陆剑宝.中国自由贸易试验区制度创新体系理论与实践 [M].广州：中山大学出版社，2018.

[9] 上海市工商行政管理局.制度变革与创新：中国（上海）自由贸易试验区商事制度改革 [M].北京：中国工商出版社，2017.

[10] 杜金岷.开放蓝本：自由贸易试验区 [M].重庆：重庆大学出版社，2018.

[11] 何骏.自由贸易区与税收领域改革创新：全球经验与中国实践 [M].上海：格致出版社，2018.

[12] 郑素娟，陈珊珊，郭君默．福建省自贸区金融创新实践研究分析 [J]. 金融理论
与教学，2021（1）：20-25，28.

[13] 蔡勇志．以制度创新为核心推动福建自贸区高质量发展 [J]. 福建商学院学报，
2020（5）：34-39.

[14] 白仲林，孙艳华，未哲．自贸区设立政策的经济效应评价和区位选择研究 [J].
国际经贸探索，2020，36（8）：4-22.

[15] 李冠华．我国沿边自贸区政策切入点的国内外经验与启示 [J]. 管理现代化，
2020，40（3）：80-82.

[16] 刘荣．自贸区（港）税收优惠政策的立场分歧与路径融合 [J]. 海南大学学报（人
文社会科学版），2020，38（1）：52-62.

[17] 韩瑞栋，薄凡．自贸试验区对资本流动的影响效应研究：基于准自然实验的视
角 [J]. 国际金融研究，2019（7）：36-45.

[18] 高增安，张鹏强，李肖萌．境外典型内陆自贸区税收优惠政策比较研究 [J]. 西
南民族大学学报（人文社科版），2018，39（6）：142-148.

[19] 高增安，廖民超，金虹敏．内陆自贸区建设发展影响因素研究 [J]. 西南交通大
学学报（社会科学版），2018，19（2）：100-106.

[20] 何力．南美沿海型和内陆型自贸区实践与我国自贸区建设 [J]. 国际商务研究，
2014，35（2）：24-32.

[21] 刘洪愧，谢谦．上海自由贸易试验区金融开放创新实践及制约因素辨析 [J]. 经
济纵横，2017（12）：56-66.

[22] 徐明棋．上海自贸试验区金融改革开放与人民币国际化 [J]. 世界经济研究，
2016（5）：3-10，134.

[23] 匡增杰．加快推进中国（上海）自由贸易试验区海关监管制度创新：贸易便利
化的视角 [J]. 经济体制改革，2015（4）：65-69.

[24] 江若尘，陆煊．中国（上海）自由贸易试验区的制度创新及其评估：基于全球
比较的视角 [J]. 外国经济与管理，2014，36（10）：71-81.

[25] 彭羽，陈争辉．中国（上海）自由贸易试验区投资贸易便利化评价指标体系研
究 [J]. 国际经贸探索，2014，30（10）：63-75.

[26] 何骏，赵晓雷，郭岚．中国（上海）自由贸易试验区离岸业务税收政策研究 [J].
外国经济与管理，2014，36（9）：73-80.

[27] 江若尘，余典范，翟青，等.中国（上海）自由贸易试验区对上海总部经济发展的影响研究 [J]. 外国经济与管理，2014，36（4）：65–71，80.

[28] 宋晓燕.中国（上海）自由贸易试验区的外资安全审查机制 [J]. 法学，2014（1）：20–27.

[29] 商舒.中国（上海）自由贸易试验区外资准入的负面清单 [J]. 法学，2014（1）：28–35.

[30] 丁伟.中国（上海）自由贸易试验区法制保障的探索与实践 [J]. 法学，2013（11）：107–115.

[31] 陶珺，任春杨.中国（广东）自由贸易试验区制度创新研究 [J]. 广东经济，2018（10）：12–17.

[32] 李世兰.广东自由贸易试验区政府治理创新对策研究 [J]. 探求，2018（2）：69–74.

[33] 杨英.广东自由贸易试验区基本建设思路研究 [J]. 中国发展，2016，16（4）：48–54.

[34] 郭爱军，陆丽萍.广东、天津、福建自由贸易试验区改革进展及对上海的启示 [J]. 科学发展，2015（10）：78–82.

[35] 郑建荣.高标准建设中国（广东）自由贸易试验区 [J]. 南方金融，2015（5）：4–6，13.

[36] 陈春玲，全毅.福建自由贸易试验区转型升级与高质量发展研究 [J]. 亚太经济，2021（6）：126–132.

[37] 关琰珠，邓光雄.制度创新与自由贸易试验区建设：以福建自贸试验区厦门片区为例 [J]. 中国发展，2020，20（6）：1–6.

[38] 吕进中，杨少芬，赵晓斐，等.中国自由贸易试验区金融改革创新比较研究：福建视角 [J]. 福建金融，2018（7）：4–9.

[39] 成正.福建自由贸易试验区厦门片区管理体制创新研究 [J]. 厦门特区党校学报，2016（6）：65–69.

[40] 俞建群，王媛媛.经济新常态下福建自由贸易试验区发展路径探索 [J]. 福建师范大学学报（哲学社会科学版），2015（4）：8–14，170.

[41] 叶志鸿，王春源.福建自由贸易试验区新思维及闽台产经合作发展展望 [J]. 海峡科学，2015（5）：56–59，85.

[42] 宋娴 . 中国（福建）自由贸易试验区外汇管理创新探索：基于上海自贸区外汇管理改革对厦门片区的启示 [J]. 福建金融，2015（4）：18-23.

[43] 方云龙，王博 . 天津自由贸易试验区经济增长效应：机制检验与政策应对 [J]. 商业研究，2020（5）：34-43.

[44] 孟广文，王艳红，刘竹青，等 . 天津自由贸易试验区产业集群发展分析 [J]. 中国发展，2019，19（3）：57-65.

[45] 周桂荣，李晓慧 . 境外自由贸易港建设经验及对天津自贸区制度创新的启示 [J]. 天津经济，2019（2）：3-8.

[46] 路璐 . 中国（天津）自由贸易试验区服务京津冀协同发展的实践与探索 [J]. 天津经济，2018（11）：8-14.

[47] 杨钊 . 我国自由贸易试验区制度创新策略研究：以中国（天津）自由贸易试验区为例 [J]. 城市，2016（11）：15-20.

[48] 杨帆 . 天津离岸金融市场发展若干问题的研究：基于天津自由贸易试验区框架下的分析 [J]. 价格理论与实践，2015（7）：79-81.